21 Heroínas Negras Excepcionais

História de Negras Importantes do Século XX: Daisy Bates, Maya Angelou e outras (Livro biográfico para Jovens e Adultos)

Por Student Press Books

Tabela de Conteúdos

Introdução

Conheça as heroínas negras excepcionais do século XX - biografias voltadas para as idades de 12 anos ou mais.

Bem-vindo à série História da Negritude, que nesta obra lhe introduz a negras importantes do século 20. Este livro, 21 Heroínas Negras Excepcionais, apresenta biografias inspiradoras de mulheres inovadoras da América, África e Europa.

Você já quis ler sobre a vida das negras que fizeram diferença em nosso mundo?

Este livro é para quem quer saber mais sobre estas incríveis heroínas negras, apresentando as histórias de 21 heroínas negras excepcionais que fizeram a diferença em nosso mundo e abriram o caminho para as gerações futuras. Apresentaremos a vocês figuras notáveis como Daisy Bates, Hattie McDaniel, Toni Morrison, Shonda Rhimes e muitas outras!

Estas negras superaram obstáculos e realizaram grandes coisas apesar das circunstâncias. A única coisa melhor do que ler estas histórias incríveis é saber que elas são verdadeiras. Estas mulheres foram verdadeiras heroínas que fizeram tanto por todos nós - é hora de reconhecê-las por suas realizações e garantir que seus legados continuem vivos para sempre. Também é importante lembrar até onde chegamos desde então - agora há muito mais oportunidades para as jovens negras do que antes!

Este livro da série História da Negritude inclui:

- Biografias fascinantes - Leia sobre ícones famosos, influentes e inspiradores como Bessie Coleman, Miriam Makeba, Ellen Johnson Sirleaf e outros.
- Retratos vívidos - Traga estas Heroínas Negras à vida em sua imaginação com a ajuda de fotos ou ilustrações estimulantes.

Sobre a série: A série História da Negritude da editora Student Press Books apresenta novas perspectivas sobre as Heroínas Negras que vão inspirar os jovens leitores a perceber sua posição em uma sociedade cada vez mais diversificada. Quem será sua próxima fonte de inspiração?

O livro 21 Heroínas Negras Excepcionais vai além de outros livros de biografias sobre empoderamento negro uma vez que destaca tal tópico e traz a história de pessoas do mundo inteiro. É também um grande presente para qualquer filha, irmã, sobrinha ou neta.

Seu Presente

Você tem um livro em suas mãos.

Não é um livro qualquer, é um livro de livros para a imprensa estudantil! Nós escrevemos sobre os heróis negros, a capacitação das mulheres, mitologia, filosofia, história, e outros assuntos interessantes!

Desde que você comprou um livro, queremos que você tenha outro de graça.

Tudo o que você precisa é um endereço de e-mail e a possibilidade de assinar nossa newsletter (o que significa que você pode cancelar a inscrição a qualquer momento).

Então, do que você está esperando? Inscreva-se hoje e reclame seu livro gratuito imediatamente! Tudo o que você precisa fazer é visitar o link abaixo e digitar seu endereço de e-mail. Você receberá o link para baixar a versão em PDF do livro imediatamente para que possa ser lido offline a qualquer momento.

E não se preocupe - não há taxas de captura ou escondidas; apenas um bom brinde à moda antiga de nós aqui na Student Press Books.

Visite este link agora mesmo e inscreva-se para receber seu exemplar gratuito de um de nossos livros!

Link: https://campsite.bio/studentpressbooks

Bessie Coleman (1893-1926)

Primeira aviadora afro-americana fêmea

"Se eu puder criar o mínimo dos meus planos e desejos, não haverá arrependimentos".

A aviadora americana Bessie Coleman se tornou a primeira mulher afro-americana a pilotar um avião. Ela fez seu nome como uma estrela das primeiras exposições de aviação e shows aéreos.

Elizabeth Coleman pode ter nascido em 26 de janeiro de 1893 (fontes discordam sobre o ano), em Atlanta, Texas, mas cresceu em Waxahatchie, Texas. A família de Coleman era pobre e, enquanto ainda era criança, Coleman muitas vezes ajudava no negócio de algodão da família. Ela freqüentou a faculdade em Langston, Oklahoma, brevemente, e depois se mudou para Chicago, Illinois. Lá Coleman trabalhou como manicure e gerente de restaurante e se interessou pela então nova profissão da aviação.

Diante da discriminação racial, Coleman foi impedido de entrar em escolas de aviação nos Estados Unidos. Destemida, ela aprendeu francês e aos 27 anos foi aceita em uma escola de aviação em Le Crotoy, França. Os filantropos negros Robert S. Abbott, fundador do jornal Defender de Chicago, e Jesse Binga, banqueiro, ajudaram com suas aulas.

Em 15 de junho de 1921, Bessie Coleman tornou-se a primeira mulher americana a obter uma licença de piloto internacional da Fédération Aéronautique Internationale. Em treinamento posterior na França, ela se especializou em vôo duplo e paraquedismo, e suas façanhas foram capturadas em filmes de jornal da época.

Bessie Coleman acabou voltando aos Estados Unidos e, em 3 de setembro de 1922, ela realizou o primeiro vôo público por uma afro-americana. Coleman tornou-se uma voadora popular em shows aéreos por todo o país, embora ela se recusasse a se apresentar perante audiências segregadas no Sul.

Coleman também levantou dinheiro para fundar uma escola para treinar aviadores negros. Antes que a escola se tornasse realidade, no entanto, em 30 de abril de 1926, em Jacksonville, Flórida, enquanto se preparava para um show, o avião que Coleman pilotava, girando fora do controle, catapultou seus 2.000 pés (600 metros) até sua morte.

Destaques

- Uma das 13 crianças, Bessie Coleman cresceu em Waxahatchie, Texas, onde sua aptidão matemática a libertou do trabalho nos campos de algodão.
- A discriminação frustrou as tentativas de Coleman de entrar em escolas de aviação nos Estados Unidos. Destemida, aprendeu francês e em 1920 foi aceita na Escola de Aviação Caudron Brothers em Le Crotoy, França.

- Em treinamento posterior na França, ela se especializou em vôo duplo e paraquedismo; suas façanhas foram capturadas em filmes de jornal.
- Ela voltou para os Estados Unidos, onde os preconceitos raciais e de gênero a impediram de se tornar uma piloto comercial. A única opção de sua carreira foi voar em acrobacias, ou fazer um "barnstorming".

Questões de pesquisa

---

1. Você acha que ainda existem barreiras no mundo de hoje, que impedem as pessoas de terem sucesso com base na cor de sua pele ou no gênero?
2. Não é surpreendente e fortalecedor quando uma mulher negra tem sucesso hoje em dia?
3. Quem são algumas de suas heroínas negras favoritas na literatura ou na cultura pop recentemente?

Daisy Bates (1914-1999)

Ativista dos direitos civis afro-americanos

"O homem que nunca comete um erro sempre recebe ordens de quem o faz". Nenhum homem ou mulher que tenta perseguir um ideal à sua própria maneira está sem inimigos".

A jornalista e ativista dos direitos civis americana Daisy Bates resistiu à intimidação econômica, legal e física para defender a igualdade racial, principalmente na integração de escolas públicas em Little Rock, Ark. Por seu trabalho com o grupo de nove estudantes que foram os primeiros afro-americanos a entrar na Escola Central de Ensino Médio em Little Rock, ela e os estudantes foram agraciados com a Medalha Spingarn em 1958.

Daisy Lee Gatson nasceu em 10 de novembro de 1914, em Huttig, Arca. Ela foi adotada como bebê após o assassinato de sua mãe e o subseqüente vôo de seu pai para sua própria segurança, antes que a acusação dos três homens brancos suspeitos do assassinato pudesse começar. Ela freqüentou as escolas públicas segregadas de Huttig, onde experimentou em primeira mão as más condições sob as quais os estudantes negros foram educados. Em 1941 ela se casou com L.C. Bates, um vendedor de seguros e ex-jornalista, e juntos se mudaram para Little Rock. No ano seguinte, ela se juntou ao marido no jornal semanal dele, o Arkansas State Press. O jornal se concentrou na necessidade de melhorias sociais e econômicas para os residentes negros do estado e ficou conhecido por suas reportagens destemidas de atos de brutalidade policial contra soldados negros de um campo militar próximo.

Como apoiador público e altamente vocal de muitos dos programas da Associação Nacional para o Progresso das Pessoas de Cor (NAACP), Bates foi selecionado em 1952 para servir como presidente da conferência estadual da filial do Arkansas da organização. Depois que a Suprema Corte dos Estados Unidos considerou a segregação inconstitucional em 1954, Bates liderou o protesto da NAACP contra o plano da diretoria da escola Little Rock para uma integração lenta das escolas públicas e pressionou para uma integração imediata. Ela começou pessoalmente a levar crianças negras para as escolas públicas brancas, acompanhada por fotógrafos de jornais que registraram cada instância quando a admissão das crianças foi recusada. Esta intensa pressão induziu a diretoria da escola a anunciar seu plano de começar a dessegregação na Central High School em setembro de 1957. Bates e os nove alunos negros que foram escolhidos para se matricular na escola secundária resistiram às tentativas de intimidação da oposição branca em Little Rock, o que incluiu comícios, ações legais, ameaças e atos de violência. Os alunos negros foram impedidos de entrar na escola até que finalmente, em 24 de setembro, o Presidente Dwight D. Eisenhower ordenou a todas as unidades da Guarda Nacional do Arkansas e a 1.000 pára-quedistas que reforçassem a integração da escola. No dia seguinte, Bates e os alunos foram escoltados com segurança para dentro da escola. Ela continuou a ser uma defensora dos alunos durante todo o seu tempo na escola.

Os Bateses foram obrigados a fechar a Imprensa Estadual do Arkansas em 1959 por causa de seus esforços de dessegregação. Daisy Batesy publicou um livro sobre suas experiências, A Longa Sombra da Pequena Rocha, em 1962. Nos anos seguintes, ela trabalhou para o Comitê Nacional

Democrático de Educação Eleitoral e para os programas anti-pobreza do Presidente Lyndon B. Johnson em Washington, D.C. Após sofrer um derrame em 1965, ela retornou ao seu estado natal e em 1968 começou a trabalhar para um projeto de revitalização da comunidade em Mitchellville, Ark. Ela ressuscitou a Arkansas State Press em 1984, mas a vendeu vários anos mais tarde. Bates manteve seu envolvimento em numerosas organizações comunitárias e recebeu inúmeras honras por sua contribuição para a integração das escolas de Little Rock. Ela morreu em 4 de novembro de 1999, em Little Rock.

Destaques

- Daisy Gaston freqüentou as escolas públicas segregadas de Huttig, onde ela experimentou em primeira mão as más condições sob as quais os estudantes negros eram educados.
- Daisy Bates publicou sua autobiografia, A Longa Sombra da Pequena Rocha, em 1962.
- Ela ressuscitou a Arkansas State Press em 1984, mas a vendeu vários anos mais tarde.
- Bates manteve seu envolvimento em numerosas organizações comunitárias e recebeu inúmeras honras por sua contribuição para a integração das escolas de Little Rock.

Questões de pesquisa

---

1. Qual é a mulher negra que mais a inspira? Por quê?
2. Onde seria um bom lugar para que mais leitores pudessem saber mais sobre esta pessoa?
3. Quais são algumas das razões pelas quais celebramos as mulheres no mês da História Negra?

Miriam Makeba (1932-2008)

Cantor sul-africano e o primeiro africano a receber um prêmio Grammy

"Tenha cuidado, pense sobre o efeito do que você diz. Suas palavras devem ser construtivas, reunir as pessoas, não separá-las".

A cantora sul-africana Miriam Makeba era conhecida como "Mama Afrika". Makeba foi a primeira cantora africana a receber um Grammy, um prêmio concedido por realizações extraordinárias na indústria fonográfica dos EUA. Ela também era conhecida por falar contra o apartheid e o racismo em todos os lugares.

Zenzile Miriam Makeba nasceu em 4 de março de 1932, na cidade de Prospect, perto de Johannesburg. Ela cresceu em Sophiatown, um subúrbio de Johannesburg. Ela começou a cantar no coro da escola quando era uma menina. Nos anos 50 ela foi cantora de um grupo chamado Manhattan Brothers. Mais tarde ela cantou com um grupo só de mulheres, os Skylarks.

Em 1959 Makeba estrelou no musical King Kong de Todd Matshikiza. O cantor americano Harry Belafonte a notou. Ele ajudou Makeba a viajar para os Estados Unidos em 1959.

Em 1960, o governo sul-africano não permitiria que Makeba voltasse à África do Sul. O governo proibiu os registros de Makeba em 1963. Eles também lhe retiraram o passaporte. Makeba viveu 30 anos no exterior. Durante este tempo, ela testemunhou perante as Nações Unidas contra o apartheid. Makeba casou-se com o trompetista Hugh Masekela em 1964. Eles logo se divorciaram, mas continuaram a trabalhar juntos.

Makeba teve uma carreira de sucesso no exterior. Ela era especialmente popular por suas canções isiXhosa (língua Xhosa) e isiZulu (língua Zulu). Ela ficou famosa por canções como "Pata Pata" (1967) e a "Click Song" (1960). Em 1965 Makeba e Belafonte ganharam um Grammy por seu álbum An Evening with Belafonte/Makeba.

Com seu próximo marido, o ativista dos direitos civis Stokely Carmichael (mais tarde Kwame Toure), Makeba viveu por um tempo na Guiné, na África Ocidental. Mais tarde, ela viveu na Bélgica. Ela se apresentou em muitos outros países durante seu exílio. Em 1990, o líder negro sul-africano Nelson Mandela foi libertado da prisão. Mandela pediu a Makeba que voltasse para a África do Sul. Na África do Sul, ela foi honrada como uma heroína da luta contra o apartheid.

Makeba gravou mais de 30 álbuns em sua vida. Ela recebeu muitos prêmios e honrarias internacionais. Miriam Makeba morreu em 10 de novembro de 2008, após dar um concerto na Itália.

Destaques

- No final dos anos 50, o canto e a gravação de Miriam Makeba a tornou bem conhecida na África do Sul, e sua aparição no documentário Come Back, Africa (1959) atraiu o interesse de Harry Belafonte e outros artistas americanos.
- Em 1960, Makeba foi negada a reentrada na África do Sul, e viveu no exílio por três décadas depois.

- Em 1990, o ativista negro sul-africano Nelson Mandela, que havia acabado de ser libertado de sua prisão prolongada, encorajou Makeba a retornar à África do Sul, e ela se apresentou lá em 1991 pela primeira vez desde seu exílio.
- Miriam Makeba fez 30 álbuns originais, além de 19 álbuns de compilação e aparições nas gravações de vários outros músicos.

Questões de pesquisa

---

1. Como você acha que ela foi considerada influente? O que ela contribuiu para o mundo?
2. Como a contribuição dela afeta sua vida hoje?
3. Se há algo que você poderia lhe perguntar, o que seria?

Marian Anderson (1897-1993)

O primeiro afro-americano a se apresentar com a Ópera Metropolitana de Nova Iorque

"O medo é uma doença que devora a lógica e torna o homem desumano".

O contralto americano Marian Anderson foi um pioneiro na superação da discriminação racial. Depois de ser proibida de cantar no Constitution Hall em Washington, D.C., por causa de sua etnia, ela se apresentou (1939) nos degraus do Lincoln Memorial para um público de mais de 75.000 pessoas, aumentando assim a conscientização pública sobre os preconceitos existentes.

Marian Anderson foi a primeira afro-americana a cantar na Ópera Metropolitana de Nova York (1955), onde ela retratou Ulrica em uma apresentação do balão Un de Guiseppe Verdi em maschera. Sua voz era aquela coisa rara, um verdadeiro contralto profundo.

Anderson nasceu em 17 de fevereiro de 1897, na Filadélfia, Pennsylvania. Ela começou a cantar em uma igreja batista aos seis anos de idade. Em 1925, Anderson foi selecionada entre 300 concorrentes para aparecer como solista na Orquestra Filarmônica de Nova York, após o que passou dez anos estudando e cantando na Europa.

Principalmente um recitalista, Anderson não cantou nenhum outro papel de ópera. Seu repertório incluía oratórios, lieder (canções de arte alemã), e especialmente a música de Johann Sebastian Bach, George Frideric Handel, Gustav Mahler, Jean Sibelius, e espirituais. A autobiografia de Marian Anderson, My Lord, What a Morning, apareceu em 1956. Entre seus numerosos prêmios estava a Medalha Spingarn de 1939. Ela morreu em 8 de abril de 1993, em Portland, Oregon.

Destaques

- Anderson demonstrou talento vocal quando criança, mas sua família não tinha condições de pagar pelo treinamento formal. A partir dos seis anos de idade, ela foi instruída no coro da Igreja Batista da União, onde cantava partes escritas para vozes baixo, alto, tenor e soprano.
- Em 7 de janeiro de 1955, ela se tornou a primeira cantora afro-americana a se apresentar como membro da Ópera Metropolitana na cidade de Nova York.
- Em 1977, seu 75º aniversário foi marcado por um concerto de gala no Carnegie Hall.
- Entre suas inúmeras homenagens e prêmios estavam a National Medal of Arts em 1986 e o Grammy Award for Lifetime Achievement da indústria musical dos EUA em 1991.

Questões de pesquisa

---

1. Quem seria sua escolha para as mulheres negras mais importantes da história?
2. Que conselho você daria às jovens negras que ainda não sabem onde elas pertencem na sociedade?

3. O que é uma citação de uma mulher negra que mais a inspira?

Maya Angelou (1928-2014)

Poeta, dramaturgo e intérprete afro-americano

"Aprendi que as pessoas esquecerão o que você disse, as pessoas esquecerão o que você fez, mas as pessoas nunca esquecerão como você as fez sentir."

Maya Angelou produziu várias autobiografias que exploram temas de opressão. Elas examinaram especialmente as formas como a sociedade trata as pessoas pobres, negras e femininas. Angelou se tornou a primeira mulher afro-americana a ter um longa-metragem adaptado de uma de suas próprias histórias quando seu roteiro *Georgia, Georgia,* foi produzido em 1972.

Nasceu Marguerite Johnson em 4 de abril de 1928, em St. Louis, Missouri, Angelou passou grande parte de sua infância morando com sua avó paterna em Stamps rurais, Arkansas. Depois que o namorado de sua mãe a agrediu quando ela tinha oito anos de idade, ela passou por um longo período de mutismo.

Este início de vida é o foco do primeiro trabalho autobiográfico de Angelou, *I Know Why the Caged Bird Sings* (1970). Os volumes subseqüentes de autobiografia incluem *Reunir-se em Meu Nome* (1974), *Cantar e Balançar e Ficar Feliz como no Natal* (1976), *O Coração de uma Mulher* (1981), *Todos os Filhos de Deus Precisando de Sapatos de Viagem* (1986), *Uma Canção Voando para o Céu* (2002), e *Mamãe & Eu & Mamãe (2013).*

Em 1940 Angelou se mudou com sua mãe para São Francisco, Califórnia. Em certo momento, ela trabalhou como bailarina, período durante o qual assumiu seu nome profissional. No final dos anos 50, Angelou se estabeleceu em Nova York, Nova York, e foi encorajada a escrever por membros do Harlem Writers' Guild.

Durante o mesmo tempo, Maya Angelou ganhou um papel numa produção de George Gershwin's *Porgy e Bess*, e ela ficou com a trupe, finalmente excursionando por 22 países na Europa e na África. Ela também estudou dança com Martha Graham e Pearl Primus. Em 1961, Angelou se apresentou em *Os Negros*, de Jean Genet.

Nesse mesmo ano, uma dissidente sul-africana com quem Angelou foi brevemente casada a persuadiu a se mudar para o Cairo, Egito, onde ela trabalhou para o *Observador Árabe*. Mais tarde, ela se mudou para Gana e trabalhou no *The African Review*.

Em 1966 Maya Angelou retornou à Califórnia, onde escreveu *Black, Blues, Black*, uma série de televisão em 10 partes sobre o papel da cultura africana na vida americana. Ela foi ao ar em 1968. Ela também atuou em várias produções televisivas, incluindo a minissérie *Raízes* (1977), e em filmes como *Justiça Poética* (1993) e *Como Fazer uma Quilt Americana* (1995). Em 1998, Angelou fez sua estréia como diretora com *Down in the Delta* (1998).

A poesia de Angelou, coletada em volumes como *Just Give Me a Cool Drink of Water 'fore I Diiie* (1971), *And Still I Rise* (1978), *Now Sheba Sings the Song* (1987), e *I Shall Not Be Moved* (1990), se baseia fortemente em sua história pessoal. Ela também escreveu um livro de meditações, *Wouldn't Take Nothing for My Journey Now* (1993), e um livro de conselhos às mulheres intitulado *Letter to My Daughter* (2008), apesar de seu único filho biológico ser homem.

Os livros infantis de Maya Angelou incluem *My Painted House, My Friendly Chicken and Me* (1994) e *Life Doesn't Assghten Me* (1998). A série *Mundo Maya* foi publicada em 2004-05 e apresentou histórias de crianças de várias partes do mundo.

Em 1981, Maya Angelou tornou-se professora de Estudos Americanos na Wake Forest University, Winston-Salem, Carolina do Norte. Ela recebeu a Medalha Presidencial da Liberdade em 2011. Angelou morreu em 28 de maio de 2014, em Winston-Salem.

Destaques

- A poesia de Maya Angelou, coletada em volumes como Just Give Me a Cool Drink of Water 'fore I Diiie (1971), And Still I Rise (1978), Now Sheba Sings the Song (1987), e I Shall Not Be Moved (1990), se baseou fortemente em sua história pessoal, mas empregou os pontos de vista de várias pessoas.
- Ela também escreveu um livro de meditações, Wouldn't Take Nothing for My Journey Now (1993), e livros infantis que incluem My Painted House, My Friendly Chicken and Me (1994), Life Doesn't Assghten Me (1998), e a série Maya's World, que foi publicada em 2004-05 e apresentou histórias de crianças de várias partes do mundo.
- Ela comemorou o 50º aniversário das Nações Unidas no poema "A Brave and Startling Truth" (1995) e elegizou Nelson Mandela no poema "His Day Is Done" (2013), que foi encomendado pelo Departamento de Estado dos EUA e lançado após a morte do líder sul-africano.
- Em 2011 Angelou recebeu a Medalha Presidencial da Liberdade.

Questões de pesquisa

---

1. Você acha que as mulheres tiveram mais facilidade ou mais dificuldade em encontrar o sucesso do que os homens nas últimas décadas?

2. O que é uma coisa que faz de uma mulher uma "mulher inspiradora"?
3. As mulheres estão trabalhando de forma mais inteligente para o futuro? Por que ou por que não?

Ellen Johnson Sirleaf (nascida em 1938)

A primeira mulher eleita chefe de Estado na África

"O tamanho de seus sonhos deve sempre exceder sua capacidade atual para realizá-los". Se seus sonhos não o assustam, eles não são suficientemente grandes".

Em 16 de janeiro de 2006, Ellen Johnson Sirleaf foi empossada como presidente da Libéria. Em seu discurso inaugural, ela prometeu acabar com os conflitos civis e a corrupção, estabelecer a unidade e reconstruir a infra-estrutura devastada do país. A vitória de Johnson Sirleaf nas eleições presidenciais de 2005 de seu país fez da "Dama de Ferro" a primeira mulher eleita chefe de Estado da África.

Ela nasceu em Monróvia, Libéria, em 29 de outubro de 1938, de herança mista de Gola e Alemanha. (Seu pai foi o primeiro liberiano indígena a ter assento na legislatura nacional). Ela foi educada no Colégio da África Ocidental em Monróvia e aos 17 anos casou-se com James Sirleaf (mais tarde se divorciaram). Em 1961, Johnson Sirleaf foi para os Estados Unidos para estudar economia e administração de empresas. Depois de obter um mestrado em administração pública pela Universidade de Harvard em 1971, ela entrou para o serviço governamental na Libéria.

Ellen Johnson Sirleaf serviu como ministra assistente das finanças (1972-1973) sob o Presidente William R. Tolbert e como ministra das finanças (1980-1985) na ditadura militar de Samuel K. Doe. Ela ficou conhecida por sua integridade financeira pessoal e entrou em conflito com ambos os chefes de Estado. Durante o regime de Doe, ela foi presa duas vezes e evitou por pouco a execução.

Nas eleições nacionais de 1985, Johnson Sirleaf fez campanha por uma cadeira no Senado enquanto criticava abertamente o governo militar, o que levou à sua prisão e a uma sentença de 10 anos de prisão. Ela foi libertada após pouco tempo e foi autorizada a deixar o país. Durante 12 anos de exílio no Quênia e nos Estados Unidos, ela se tornou uma influente economista do Banco Mundial, do Citibank e de outras instituições financeiras internacionais. De 1992 a 1997, Ellen Johnson Sirleaf foi diretora do Escritório Regional para a África do Programa de Desenvolvimento das Nações Unidas.

Johnson Sirleaf concorreu à presidência nas eleições de 1997, representando o Partido da Unidade (UP). Ela enfatizou sua experiência financeira, seu não envolvimento na guerra civil e as qualidades pessoais de compaixão, sacrifício e sabedoria que ela desenvolveu como mãe de quatro filhos. Johnson Sirleaf terminou em segundo lugar para Charles Taylor e foi forçada a voltar ao exílio quando seu governo a acusou de traição.

Em 1999, a Libéria havia caído novamente em uma guerra civil. Taylor foi persuadido a exilar-se na Nigéria em 2003, e Johnson Sirleaf voltou à Libéria para presidir a Comissão de Boa Governança, que supervisionou os preparativos para as eleições democráticas. No segundo turno das eleições presidenciais de 8 de novembro de 2005, ela ganhou 59,5% dos votos contra a lenda do futebol da associação aposentada George Weah, que recusou um cargo em sua administração, mas mais tarde emitiu uma declaração pública de apoio.

Com mais de 15.000 mantenedores da paz das Nações Unidas na Libéria e o desemprego a 80 por cento, o novo presidente enfrentou sérios desafios. Em seus primeiros 100 dias no cargo, Johnson Sirleaf visitou a Nigéria e os Estados Unidos para buscar a melhoria da dívida e ajuda da comunidade internacional, estabeleceu uma Comissão de Verdade e Reconciliação para investigar a corrupção e curar tensões étnicas, demitiu todo o pessoal do Ministério das Finanças e emitiu um programa para a expansão da educação das meninas. No final de 2010, toda a dívida da Libéria havia sido apagada e a Johnson Sirleaf havia garantido milhões de dólares de investimento estrangeiro no país.

Johnson Sirleaf foi um dos três ganhadores, juntamente com Leymah Gbowee e Tawakkul Karman, do Prêmio Nobel da Paz de 2011 por seus esforços para promover os direitos das mulheres. Mais tarde, em 2011, ela foi reeleita como presidente da Libéria. O progresso econômico continuou durante seu segundo mandato até que o país foi atingido pela devastadora doença do vírus Ébola em 2014. A doença ceifou a vida de mais de 4.800 liberianas e aleijou a economia do país.

Ellen Johnson Sirleaf, que foi constitucionalmente impedida de buscar um terceiro mandato consecutivo, não concorreu às eleições presidenciais de 2017 na Libéria. Sua companheira de candidatura das duas eleições anteriores, o vice-presidente Joseph Boakai, tornou-se a candidata presidencial da UP.

Após o primeiro turno de votação, entretanto, Ellen Johnson Sirleaf foi acusada pela UP de ter apoiado outro candidato presidencial: seu oponente anterior, George Weah. Ela negou as acusações, mas a UP a expulsou do partido em janeiro de 2018. Mais tarde naquele mês, em 22 de janeiro, ela se retirou do cargo de presidente. Johnson Sirleaf foi sucedido por Weah, que havia derrotado Boakai no segundo turno da votação.

Destaques

- Com mais de 15.000 mantenedores da paz das Nações Unidas no país e com o desemprego a 80%, a Johnson Sirleaf enfrentou sérios desafios.

- No final de 2010 toda a dívida da Libéria havia sido apagada, e a Johnson Sirleaf havia garantido milhões de dólares de investimento estrangeiro no país.
- Embora Johnson Sirleaf tenha sido reeleita com pouco mais de 90% dos votos, sua vitória foi toldada pela retirada de Tubman e baixa participação dos eleitores, que foi menos da metade do primeiro turno.
- Johnson Sirleaf foi um dos três ganhadores, juntamente com Leymah Gbowee e Tawakkul Karmān, do Prêmio Nobel da Paz de 2011 por seus esforços para promover os direitos das mulheres.

Questões de pesquisa

---

1. Escolha uma mulher influente e nos diga por que ela é importante para sua vida, e talvez sua história.
2. Quem são algumas outras intelectuais negras que a influenciaram?
3. Você conhece algum livro ou filme sobre mulheres negras fortes e independentes do século 20?

Coretta Scott King (1927-2006)

Autor americano e líder do movimento de direitos civis

"Não importa o quão fortes são suas opiniões". Se você não usa seu poder para mudanças positivas, você é, de fato, parte do problema".

Com seu marido, Martin Luther King, Jr., Coretta Scott King foi uma figura central no movimento de direitos civis dos anos 50 e 60 dos EUA. Após o assassinato de seu marido em 1968, King continuou como líder do movimento e trabalhou para estabelecer o Martin Luther King Jr., Center for Nonviolent Social Change.

Coretta Scott nasceu em 27 de abril de 1927, em Marion, Ala. Seus pais eram proprietários de uma fazenda na vizinha Heiberger. Durante a

Grande Depressão dos anos 30, Coretta e seu irmão e irmã colheram algodão para ajudar a sustentar a família. Ela freqüentou o ensino médio em Marion, onde cantou em recitais escolares.

Coretta Scott continuou a estudar música enquanto freqüentava o Antioch College em Yellow Springs, Ohio. Ela recebeu um B.A. em música e educação de Antioch e, em 1951, matriculou-se como bolsista no Conservatório de Música de New England, em Boston, tendo decidido seguir uma carreira como cantora profissional.

Enquanto estava em Boston, Coretta Scott conheceu Martin Luther King Jr., que era então um estudante de pós-graduação em teologia na Universidade de Boston. Eles se casaram em 1953. Em 1954, após King ter completado sua graduação, mudaram-se para Montgomery, Ala., onde seu marido aceitou o cargo de pastor na Igreja Batista da Avenida Dexter.

Desde o início de seu casamento, Coretta Scott King foi sócia de pleno direito nas atividades de direitos civis de seu marido. Ela participou do boicote a ônibus Montgomery em 1955, embora a primeira filha dos Reis, Yolanda, tivesse nascido apenas duas semanas antes do início do boicote. Apesar das exigências de criar uma família que acabou por incluir quatro filhos, Coretta Scott King também prosseguiu seus próprios projetos relacionados com o movimento de direitos civis, incluindo uma série de Concertos de Liberdade que levantaram fundos para a Conferência de Liderança Cristã do Sul.

Coretta Scott King manteve uma agenda ocupada como oradora, dirigindo-se às igrejas, associações acadêmicas e grupos ativistas. King foi delegada à Conferência de Desarmamento de 1962 em Genebra, Suíça, e participou de manifestações de apoio à aprovação da Lei dos Direitos Civis de 1964.

Quatro dias após o assassinato de Martin Luther King em Memphis, em 4 de abril de 1968, Coretta Scott King conduziu 50.000 pessoas em uma marcha através de Memphis. Mais tarde ela tomou o lugar de seu marido na Marcha do Pobre Povo para Washington. O projeto que consumiu a maior parte de seu tempo após o assassinato de Martin Luther King, no entanto, foi o desenvolvimento do Martin Luther King, Jr., Centro de Mudanças Sociais Não Violentas, um arquivo do movimento de direitos civis e um centro de educação, bem como um memorial ao líder assassinado. O centro foi inaugurado em Atlanta, em 1968. Coretta Scott King publicou um livro de memórias, My Life with Martin Luther King, Jr., em 1969.

Em 1983 Coretta Scott King foi nomeada presidente da Martin Luther King, Jr., Comissão Federal de Férias, e em janeiro de 1986 presidiu a primeira celebração do feriado federal Martin Luther King, Jr.. Com seu filho Dexter, ela editou The Martin Luther King, Jr., Companion: Citações dos Discursos, Ensaios e Livros de Martin Luther King, Jr., Companheiro: "The Martin Luther King, Jr., Companion". (1998).

Em agosto de 2005, Coretta Scott King sofreu um derrame e um ataque cardíaco leve. Ela morreu em 30 de janeiro de 2006, em Rosarito, México, onde King estava recebendo tratamento de reabilitação.

Destaques

- Após o assassinato do marido de Coretta Scott King em 1968 e a condenação de James Earl Ray pelo assassinato, ela continuou ativa no movimento de direitos civis.
- Ela fundou em Atlanta o Martin Luther King, Jr., Center for Nonviolent Social Change (comumente conhecido como King Center), que foi liderado na virada do século 21 por seu filho Dexter.
- Coretta Scott King escreveu um livro de memórias, My Life with Martin Luther King, Jr., My Life with Martin Luther King, Jr. (1969), e editada, com seu filho Dexter, The Martin Luther King, Jr., Companheiro: Citações dos Discursos, Ensaios e Livros de Martin Luther King, Jr. (1969). (1998).
- Em 1969 Coretta Scott King estabeleceu um prêmio anual Coretta Scott King para homenagear um autor afro-americano de um texto excepcional para crianças, e em 1979 um prêmio semelhante foi adicionado para homenagear um ilustrador afro-americano excepcional.

Questões de pesquisa

1. Quantos filhos a família King tinha, quais são seus nomes e o que estão fazendo hoje?
2. Que conselhos você acha que ela tem para as mulheres na sociedade e profissão de hoje?
3. Quais você acha que são algumas das realizações mais notáveis feitas por essas mulheres negras?

Hattie McDaniel (1895-1952)

A primeira atriz afro-americana a ganhar um Oscar

"A vocês jovens que aspiram ao sucesso em alguma linha de trabalho, apesar dos problemas que muitos de nós experimentamos, deixem-me dizer o seguinte: Ainda há espaço no topo".

A atriz e cantora americana Hattie McDaniel tornou-se a primeira afro-americana a ser homenageada com um Oscar. Ela ganhou o Oscar de melhor atriz em um papel de apoio em 1939 por seu papel de Mammy no filme Gone with the Wind (1939).

Hattie McDaniel nasceu em 10 de junho de 1895, em Wichita, Kansas, mas foi criada em Denver, Colorado. Ela deixou a escola em 1910 para se tornar uma artista em vários grupos de trovadores itinerantes (vaudeville). No início da Grande Depressão, porém, pouco trabalho estava disponível, então McDaniel foi trabalhar como atendente de banheiro na boate Sam Pick em Milwaukee, Wisconsin.

Embora a casa noturna tivesse apenas artistas brancos, alguns clientes ouviram McDaniel cantar e encorajaram o proprietário a contratá-la. Hattie McDaniel se apresentou lá por mais de um ano até que ela partiu para Los Angeles, Califórnia. Lá McDaniel encontrou um pequeno papel em um programa de rádio local, The Optimistic Do-Nuts, e logo depois se tornou a principal atração do programa.

Hattie McDaniel fez sua estréia no cinema em 1932, mas ela não conseguiu sua primeira grande participação até que apareceu no filme do diretor John Ford's Judge Priest (1934). Nesse filme, ela cantou um dueto com o humorista Will Rogers. Seu papel de feliz servente sulista em O Pequeno Coronel (1935) fez dela uma figura controversa na comunidade negra liberal, que procurava acabar com os estereótipos de Hollywood. Quando criticada por assumir tais papéis, Hattie McDaniel respondeu que preferia ser uma empregada no cinema do que na vida real; durante os anos 30, ela desempenhou o papel de empregada ou cozinheira em quase 40 filmes, mais notadamente em E Tudo o Vento Levou.

Durante a Segunda Guerra Mundial (1939-1945), Hattie McDaniel organizou entretenimento para as tropas negras. No final da guerra, porém, grupos negros liberais - como a Associação Nacional para o Progresso das Pessoas de Cor (NAACP) - lobraram Hollywood para acabar com os papéis estereotipados em que McDaniel se tornara datilógrafo, e conseqüentemente suas oportunidades de filmes de Hollywood diminuíram.

Em 1947 Hattie McDaniel se tornou a primeira afro-americana a estrelar em um programa semanal de rádio destinado a uma audiência geral, desempenhando o papel de empregada no The Beulah Show. Em 1951, enquanto filmava uma versão televisiva do popular programa, McDaniel teve um ataque cardíaco. Ela gravou vários programas de rádio em 1952, mas morreu de câncer de mama em 26 de outubro de 1952, em Hollywood, Califórnia.

Destaques

- Hattie McDaniel deixou a escola em 1910 para se tornar uma artista em vários grupos de trovadores itinerantes e mais tarde se tornou uma das primeiras mulheres negras a ser transmitida pela rádio americana.
- Ela se apresentou em um clube por mais de um ano até que partiu para Los Angeles, onde seu irmão encontrou um pequeno papel em um programa de rádio local, The Optimistic Do-Nuts; conhecido como Hi-Hat Hattie, Hattie McDaniel se tornou a principal atração do programa em pouco tempo.
- Dois anos após sua estréia no cinema em 1932, Hattie McDaniel conseguiu seu primeiro papel importante no "John Ford's Judge Priest" (1934), no qual ela teve a oportunidade de cantar um dueto com o humorista Will Rogers.
- O papel de Hattie McDaniel como feliz serva do Sul em The Little Colonel (1935) a tornou uma figura controversa na comunidade negra liberal, que procurava acabar com os estereótipos de Hollywood.

Questões de pesquisa

---

1. Com qual mulher negra você gostaria de ter conversado ou recebido conselhos?
2. Por que é importante para as mulheres negras construir outras mulheres fortes e independentes?
3. Você acha que o feminismo é um elemento importante para que as pessoas de cor mantenham ou se sintam confortáveis com ele durante esta era?

Fannie Lou Hamer (1917-1977)

Ativista dos direitos civis americanos

"Quando eu me liberto, liberto os outros. Se você não falar por você, ninguém vai falar por você. "

A lápide de Fannie Lou Hamer traz seu famoso ditado: "Estou farta e cansada de estar doente e cansada". A raiva de Hamer com relação à pobreza e ao racismo que ela e seus afro-americanos sofreram levou-a a dedicar sua vida a melhorar a situação deles.

Fannie Lou Hamer nasceu Fannie Lou Townsend em 6 de outubro de 1917, no Condado de Montgomery, Miss. A mais nova de 20 crianças nascidas de pais meeiros, ela mesma começou a trabalhar nos campos aos 6 anos de idade e deixou a escola na sexta série para ajudar mais. Quando a família finalmente economizou dinheiro suficiente para fazer alguma agricultura independente, um vizinho branco envenenou seus animais.

Sua tristeza por esta injustiça começou a despertar seu interesse pelos direitos civis.

Fannie Lou Hamer participou de um comício organizado pelo Comitê de Coordenação Estudantil Não-Violenta (SNCC) e pela Conferência de Liderança Cristã do Sul (SCLC) em 1962 e se voluntariou para ajudar os afro-americanos que procuravam se tornar eleitores registrados. Exigências difíceis para os candidatos e a ameaça de violência racista desencorajaram muitos negros de tentar se cadastrar. Hamer passou no teste de alfabetização exigido em sua terceira tentativa, mas sofreu conseqüências pessoais - o proprietário da terra a forçou a sair da plantação onde ela vivia e trabalhava desde os anos 40 e mais tarde demitiu seu marido, Perry, e suas filhas adotadas.

Quando amigos levaram a Fannie Lou Hamer, sua casa foi submetida a tiros. Sem se preocupar, ela se tornou uma trabalhadora de campo para o SNCC e ajudou outros a aprender como passar no teste de alfabetização. Mais tragédia esperava, no entanto. Após uma oficina de direitos civis na Carolina do Sul, Hamer e um ônibus cheio de pessoas pararam em Winona, Mississippi, para comer.

O terminal tinha a prática de servir apenas brancos, e os possíveis comensais eram presos por tropas estaduais. Enquanto cumpriam pena de prisão, os guardas brancos forçaram dois presos negros a espancá-la com um saco de metal, deixando Hamer com muitos ferimentos graves.

Fannie Lou Hamer e outros fundaram o partido Mississippi Freedom Democratic (MFDP) em 1964, quando o partido regular do estado excluiu os afro-americanos. Hamer, vice-presidente do grupo, foi seu porta-voz para a Convenção Nacional Democrática em Atlantic City, N.J.

Fannie Lou Hamer disse ao comitê de credenciais da convenção que a delegação do Mississippi não representava adequadamente o Estado porque a maioria dos negros não tinha permissão para votar e pediu que a delegação de 68 membros do MFDP se sentasse. O comitê tentou apaziguá-los oferecendo duas cadeiras, mas o grupo exigiu tudo ou nada. Embora tenham saído sem estarem sentados, a lei chamou a atenção nacional e contribuiu para a aprovação da Lei do Direito de Voto de 1965.

Fannie Lou Hamer concorreu sem sucesso ao Congresso dos Estados Unidos em 1964 e ao Senado do Estado do Mississippi em 1971, mas suas tentativas ajudaram a preparar o caminho para que outros afro-americanos ganhassem cargos públicos.

Em nível local, Hamer tentou ajudar seus companheiros Mississippianos trabalhando em prol de moradias e creches de baixo custo, estabelecendo cooperativas comerciais sem fins lucrativos e fazendo lobby para a dessegregação escolar. Seus interesses feministas a levaram a cofundar o National Women's Political Caucus em 1971; no entanto, mais tarde, ela sentiu frequentemente que os membros brancos não entendiam suas preocupações.

Fannie Lou Hamer morreu em 14 de março de 1977, devido a complicações do câncer e outras condições médicas. Hamer foi eleita para o Hall Nacional da Fama Feminina em 1993.

Destaques

- Fannie Lou Hamer, née Townsend, era a mais nova de 20 crianças, Fannie Lou trabalhava no campo com seus pais com seis anos de idade.
- Em meio à pobreza e exploração racial, ela recebeu apenas uma educação de sexto grau.
- Despedida por sua tentativa de se registrar para votar (Fannie Lou Hamer falhou em um teste de alfabetização), ela se tornou secretária de campo do SNCC; Fannie Lou Hamer finalmente se tornou uma eleitora registrada em 1963.
- Em 1964 Hamer cofundou e tornou-se vice-presidente do Partido Democrático da Liberdade do Mississippi (MFDP), estabelecido após tentativas fracassadas dos afro-americanos de trabalhar com o Partido Democrático do Mississippi, todo branco e pró-segregação.
- Como membro do Comitê Nacional Democrático do Mississippi (1968-71) e do Conselho Político do National Women's Political Caucus (1971-77), Hamer se opôs ativamente à Guerra do Vietnã e trabalhou para melhorar as condições econômicas no Mississippi.

Questões de pesquisa

1. Qual é sua memória de infância favorita de sua mãe?
2. Mulheres na liderança: o que você pensa sobre o impulso para a igualdade de gênero?
3. Você acha que existe alguma diferença de tratamento entre professores ou professores nas escolas ou universidades?

Wangari Maathai (1940-2011)

político queniano e ativista ambiental

"A geração que destrói o meio ambiente não é a geração que paga o preço. Esse é o problema".

A política queniana e ativista ambiental Wangari Maathai recebeu o Prêmio Nobel da Paz em 2004 por sua "abordagem holística do desenvolvimento sustentável que abrange a democracia, os direitos humanos e os direitos das mulheres em particular". Maathai tornou-se a primeira mulher africana negra a alcançar tal honra.

Wangari Muta Maathai nasceu em 1º de abril de 1940, em Nyeri, Quênia. Maathai cursou faculdade nos Estados Unidos, recebendo um bacharelado em biologia do Mount St. Scholastica College (hoje Benedictine College) em 1964 e um mestrado da Universidade de Pittsburgh em 1966.

Em 1971 Wangari Maathai concluiu seu doutorado na Universidade de Nairóbi, tendo a distinção de ser a primeira mulher na África Oriental ou Central a obter o doutorado. Após graduar-se, ela começou a lecionar no

Departamento de Anatomia Veterinária da Universidade de Nairóbi, e em 1977 Maathai tornou-se presidente do departamento.

Wangari Maathai estava trabalhando com o Conselho Nacional de Mulheres do Quênia quando ela começou a explorar a idéia de que as mulheres da aldeia poderiam melhorar o meio ambiente plantando árvores. Seu objetivo era duplo: fornecer uma fonte de combustível para as famílias e retardar os processos de desmatamento e desertificação.

Em 1977, Wangari Maathai fundou o Movimento Cinturão Verde para promover seu propósito, e no início do século 21 a organização havia plantado cerca de 30 milhões de árvores.

Os membros da organização iniciaram a Rede Pan-Africana de Cinturões Verdes em 1986, que se dedicava a fornecer informações sobre conservação e melhoria ambiental aos líderes mundiais. Como resultado do ativismo da organização, movimentos similares foram iniciados na Tanzânia, Etiópia, Zimbábue e outros países africanos.

Os outros interesses da Wangari Maathai incluíam os direitos humanos, a prevenção da AIDS e as questões da mulher. Ela freqüentemente abordava essas preocupações nas reuniões da Assembléia Geral das Nações Unidas.

Em 2002 Wangari Maathai foi eleita para a Assembléia Nacional do Quênia, e no ano seguinte foi nomeada ministra assistente do meio ambiente, dos recursos naturais e da vida selvagem. Ela foi autora de vários livros, incluindo *The Green Belt Movement: Sharing the Approach and the Experience* (1988), que detalhou a história da organização, e uma autobiografia, *Unbowed* (2007).

Em *The Challenge for Africa* (2009), Wangari Maathai criticou a liderança ineficaz da África e levou os africanos a resolverem seus problemas sem ajuda ocidental. Wangari Maathai também contribuiu para periódicos internacionais como o *Los Angeles Times* e o *Guardian*. Ela morreu em 25 de setembro de 2011, em Nairóbi, Quênia.

Destaques

- O trabalho de Wangari Maathai era freqüentemente considerado tanto indesejável quanto subversivo em seu próprio país, onde sua franqueza constituía um passo muito além dos papéis tradicionais de gênero.
- Em 1971 Maathai recebeu um Ph.D. na Universidade de Nairóbi, tornando-se efetivamente a primeira mulher na África Oriental ou Central a obter um doutorado.
- Enquanto trabalhava com o Conselho Nacional de Mulheres do Quênia, Wangari Maathai desenvolveu a idéia de que as mulheres da aldeia poderiam melhorar o meio ambiente plantando árvores para fornecer uma fonte de combustível e retardar os processos de desmatamento e desertificação.
- O Green Belt Movement, uma organização Wangari Maathai fundada em 1977, tinha plantado no início do século 21 cerca de 30 milhões de árvores.
- Quando Wangari Maathai ganhou o Prêmio Nobel em 2004, o comitê elogiou sua "abordagem holística do desenvolvimento sustentável que abrange a democracia, os direitos humanos e os direitos das mulheres em particular".

Questões de pesquisa

---

1. Você já foi a algum evento ou organização centrada na mulher por conta própria?
2. Que qualidades são necessárias para que uma mulher seja considerada este tipo de pessoa?
3. Qual mulher você mais admira e por quê?

Shirley Chisholm (1924-2005)

A primeira mulher afro-americana eleita para o Congresso dos Estados Unidos

"Você não avança ficando de lado, chorando e reclamando. Você faz progresso implementando idéias".

A primeira mulher negra eleita para o Congresso dos Estados Unidos, Shirley Chisholm serviu seu distrito natal de Brooklyn, Nova York, na Câmara dos Deputados de 1969 a 1982. Chisholm concorreu em 1972 para a nomeação democrata para presidente dos Estados Unidos.

Shirley Chisholm nasceu Shirley Anita St. Hill no Brooklyn em 30 de novembro de 1924, mas passou grande parte de sua infância na fazenda de sua avó em Barbados. Ela retornou ao Brooklyn quando tinha 11 anos. Ela se formou na Brooklyn College em 1946 com um diploma em sociologia e obteve um mestrado em educação elementar em 1952 pela Columbia University. Shirley Chisholm foi casada com Conrad Chisholm de 1949 a 1977 e mais tarde com Arthur Hardwick, Jr.

Diretora do Hamilton-Madison Child Care Center de Nova Iorque de 1953 a 1959, Shirley Chisholm tornou-se uma autoridade reconhecida na educação precoce e no bem-estar infantil. De 1959 a 1964, Chisholm foi consultora educacional na divisão de creche do bureau de bem-estar infantil da cidade de Nova York. Também envolvida em atividades comunitárias e cívicas, ela foi convidada em 1964 a concorrer à Assembléia Estadual de Nova York. A primeira mulher negra do Brooklyn a participar da assembléia, Chisholm foi reeleita em 1965 e 1966 e depois concorreu ao Congresso em 1968.

O slogan da campanha Chisholm foi "Unbought and Unbossed", que se tornou o título de um livro que ela publicou em 1970. Shirley Chisholm logo se tornou reconhecida como uma defensora franca de causas liberais associadas aos direitos das mulheres e com seu eleitorado afro-americano e hispânico. Chisholm foi um membro fundador da Bancada Negra do Congresso e da Bancada Política Nacional Feminina. Durante sua campanha para a indicação democrática para a presidência, ela ganhou 152 delegados antes de se retirar da eleição.

Shirley Chisholm publicou um segundo livro em 1973, The Good Fight (A Boa Luta). Depois de cumprir sete mandatos, Chisholm se retirou do Congresso em 1982. Shirley Chisholm foi professora no Mount Holyoke College em South Hadley, Massachusetts, de 1983 a 1987. Ela morreu em 1º de janeiro de 2005, em Ormond Beach, Flórida. Shirley Chisholm foi condecorada postumamente com a Medalha Presidencial da Liberdade dos Estados Unidos em 2015.

Destaques

- Shirley Anita St. Hill era filha de imigrantes; seu pai era da Guiana Britânica (agora Guiana) e sua mãe de Barbados. Chisholm cresceu em Barbados e em seu Brooklyn natal, Nova York, e se formou no Brooklyn College (B.A., 1946).

- Consultora de educação da divisão de creche da cidade de Nova York, Shirley Chisholm também foi ativa com grupos comunitários e políticos, incluindo a Associação Nacional para o Progresso das Pessoas de Cor (NAACP) e o Clube Democrático da Unidade de seu distrito.
- Em 1968 Chisholm foi eleito para a Câmara dos Deputados dos Estados Unidos. No Congresso ela rapidamente ficou conhecida como uma forte liberal que se opunha ao desenvolvimento de armas e à guerra no Vietnã e favorecia propostas de pleno emprego.
- Chisholm, uma fundadora da National Women's Political Caucus, apoiou a Emenda sobre a Igualdade de Direitos e legalizou os abortos ao longo de sua carreira congressional, que durou de 1969 a 1983.

Questões de pesquisa

---

1. Qual foi a coisa mais badass que ela já disse?
2. Por que o senhor acha que havia tão poucas mulheres no Congresso dos EUA quando ela estava lá em nível nacional?
3. Qual é uma mensagem que podemos aprender com ela sobre como avançar para o futuro das mulheres negras?

Mary McLeod Bethune (1875-1955)

Educadora que abriu uma das primeiras escolas para meninas afro-americanas

"Sem fé nada é possível". Com ela, nada é impossível".

Uma pioneira na educação afro-americana nos Estados Unidos foi Mary McLeod Bethune. Nascida de pais que haviam sido escravos até a Guerra Civil Americana, ela se levantou para se tornar presidente de sua própria faculdade. Sob o Presidente Franklin D. Roosevelt, ela chefiou a Divisão de Assuntos Negros da Administração Nacional da Juventude e foi conselheira em assuntos de minorias.

Mary Jane McLeod nasceu em 10 de julho de 1875, em Mayesville, S.C., o primeiro membro de sua família a nascer livre. Quando criança, ela trabalhava nos campos de algodão de seus pais. Quando uma missionária afro-americana abriu uma pequena escola em Mayesville, apenas uma pessoa da família pôde ser poupada dos campos para freqüentar. A escolhida, Mary pôde continuar sua educação no Seminário Scotia em Concord, N.C., e no Moody Bible Institute em Chicago, Illinois.

De 1895 a 1903 Mary McLeod lecionou em escolas missionárias para afro-americanos no Sul. Em 1898 ela se casou com Albert Bethune, um professor. Em 1904 ela alugou uma barraca em Daytona Beach, Fla., e abriu a Escola de Educação e Treinamento de Daytona. Seu filho, Albert, era o único garoto matriculado.

Em dois anos, ela teve 250 alunos. A maioria delas eram meninas, uma vez que ela sentia que as meninas de minorias eram particularmente prejudicadas pela falta de oportunidades de melhoria. A escola teve tanto sucesso que em 1923 ela se fundiu com o Instituto Cookman, uma faculdade masculina próxima, e em 1929 a escola foi renomeada Bethune-Cookman College. Seus esforços para melhorar as relações raciais e a educação das minorias lhe trouxeram a Medalha Spingarn em 1935.

Bethune recebeu muitos diplomas honorários. Ela foi oficial de organizações como a Liga Urbana, a Associação Nacional para o Progresso das Pessoas de Cor e o Conselho Nacional das Mulheres Negras, que ela fundou em 1935. Após servir sob o governo de Roosevelt de 1936 a 1943, ela foi assistente especial do secretário de guerra durante a Segunda Guerra Mundial. Ela morreu em 18 de maio de 1955, em Daytona Beach.

Destaques

- Em 1904 Bethune mudou-se para a costa leste da Flórida, onde uma grande população afro-americana havia crescido na época da construção do East Coast Railway da Flórida, e em Daytona Beach, em outubro, ela abriu uma escola própria, o Daytona Normal and Industrial Institute for Negro Girls.
- Em 1923, a escola foi fundida com o Instituto Cookman para Homens, então em Jacksonville, Flórida, para formar o que ficou

conhecido de 1929 como Bethune-Cookman College em Daytona Beach.

- Em 1935 fundou o Conselho Nacional da Mulher Negra, do qual permaneceu presidente até 1949, e foi vice-presidente da Associação Nacional para o Progresso das Pessoas de Cor de 1940 a 1955.
- Ela foi assessora de Roosevelt em assuntos de minorias e ajudou o secretário de guerra na seleção das candidatas a oficiais do Corpo de Mulheres do Exército dos Estados Unidos (WAC).

Questões de pesquisa

---

1. Quem é sua mulher negra humorística favorita do século 20?
2. Por que precisamos de mais representação na mídia das mulheres negras que compartilham histórias e cultura?
3. Que conselho você daria a outras mulheres (negras) para fazer ouvir sua voz em nossa sociedade de hoje?
4. Que conselho estas mulheres negras fortes podem nos dar para vivermos uma vida melhor?

Toni Morrison (1931-2019)

Autor afro-americano

"Libertar-se foi uma coisa, reivindicar a propriedade desse eu libertado foi outra".

Toni Morrison foi notada por seu exame da experiência afro-americana - especialmente a experiência feminina - com a comunidade negra. Seu uso da fantasia, seu estilo poético intrincado e seu rico entrelaçamento do mítico deram a suas histórias grande força e textura. Em 1993, Morrison ganhou o Prêmio Nobel de Literatura.

Toni Morrison nasceu Chloe Anthony Wofford em 18 de fevereiro de 1931, em Lorain, Ohio. Ela cresceu em uma família pobre, mas formou-se na Howard University em Washington, D.C., em 1953, e recebeu um mestrado em inglês pela Cornell University em Ithaca, Nova York, em 1955. Após vários anos como instrutora de inglês, Toni Morrison se tornou editora e escreveu em seu tempo livre.

O primeiro romance de Toni Morrison, *The Bluest Eye* (1970), foi uma crítica à vida negra da classe média e à intolerância humana. Com a publicação de 1977 de *Canção de Salomão*, que é contada por um narrador masculino em busca de sua identidade, Morrison recebeu aclamação tanto popular quanto crítica. *Tar Baby* (1981), ambientado em uma ilha do Caribe, explora conflitos de raça, classe e sexo. *O amado* ganhou o Prêmio Pulitzer de ficção de 1988. Ele se baseia na história real de um escravo fugitivo que, no momento da recaptura, mata sua filha para poupar-lhe uma vida de escravidão.

Os trabalhos posteriores de Toni Morrison incluem *A Mercy* (2008), que trata da escravidão na América do século 17, e *Home* (2012), sobre um veterano traumatizado da Guerra da Coréia que encontra o racismo depois de voltar para casa e depois supera a apatia para resgatar sua irmã. *God Help the Child* (2015) examina as conseqüências do abuso e negligência infantil através do conto de Noiva, uma menina negra de pele escura que nasce de pais de pele clara.

Além de seus romances, Toni Morrison publicou uma obra de crítica, *Playing in the Dark: Whiteness and the Literary Imagination*, em 1992. Muitos de seus ensaios e discursos foram reunidos em *What Moves at the Margin: Selected Nonfiction* (editado por Carolyn C. Denard), publicado em 2008.

Além disso, Toni Morrison lançou vários livros infantis, incluindo *Who's Got Game?: The Ant or the Grasshopper?* e *Who's Got Game?: The Lion or the Mouse?* ambos escritos com seu filho e publicados em 2003. *Lembre-se* (2004), também voltado para crianças, usa fotografias de arquivo para relatar as dificuldades dos estudantes negros durante a integração do sistema escolar público dos EUA. Ela escreveu o libreto para *Margaret Garner* (2005), uma ópera sobre a mesma história que inspirou o *Amado*.

Em 2010, Toni Morrison foi nomeada oficial da Legião de Honra francesa. Dois anos depois, ela recebeu a Medalha Presidencial de Liberdade dos EUA. *Toni Morrison: The Pieces I Am* (2019) é um documentário sobre sua vida e carreira. Ela morreu em 5 de agosto de 2019, na cidade de Nova York.

Destaques

- Toni Morrison, nome original Chloe Anthony Wofford, cresceu no meio-oeste americano em uma família que possuía um intenso amor e apreciação pela cultura negra. Ela recebeu o Prêmio Nobel de Literatura em 1993.
- Muitos dos ensaios e discursos de Morrison foram reunidos em What Moves at the Margin: Selected Nonfiction (2008; editado por Carolyn C. Denard) e The Source of Self-Regard: Ensaios, Discursos e Meditações Selecionadas (2019).
- Ela e seu filho, Slade Morrison, escreveram uma série de livros infantis, incluindo a série Who's Got Game?, The Book About Mean People (2002) e Please, Louise (2014).
- Toni Morrison escreveu Remember (2004), que narra as dificuldades dos estudantes negros durante a integração do sistema escolar público americano; dirigido às crianças, utiliza fotografias de arquivo justapostas com legendas especulando sobre os pensamentos de seus sujeitos.

Questões de pesquisa

---

1. O tema do sexismo ou da discriminação já surgiu em sua experiência escolar e, se sim, o que você fez a respeito?
2. Como você acha que ser "forte" deve ser definido com base em suas crenças ou opiniões pessoais sobre o feminismo e a igualdade no mundo?
3. Quem são algumas das mulheres mais inspiradoras, influentes e capacitadas que vêm à mente durante o período de tempo deste livro?

Diane Abbott (nascida em 1953)

A primeira mulher negra eleita para o Parlamento Britânico

"Você não pode defender o indefensável - qualquer coisa que você diga soa auto-serviço e hipócrita".

A política britânica Diane Abbott foi a primeira mulher de ascendência africana a ganhar as eleições para a Câmara dos Comuns.

Diane Julie Abbott nasceu em 27 de setembro de 1953, em Londres, Inglaterra. Seus pais, originalmente da Jamaica, haviam imigrado para o Reino Unido dois anos antes. Abbott estudou na Universidade de Cambridge e se formou em história em 1973. Durante vários anos ela trabalhou como funcionária pública no Home Office, o departamento governamental responsável pelo combate ao crime, prevenção do terrorismo e regulamentação da imigração. Ela também trabalhou como repórter de televisão e como assessora de imprensa para o Greater London Council e para o Lambeth Borough Council.

Membro do Partido Trabalhista, Abbott ganhou as eleições para o Conselho Municipal de Westminster em 1982. Cinco anos depois, ela garantiu a nomeação do Partido Trabalhista para o eleitorado londrino de Hackney North e Stoke Newington na Câmara dos Comuns. Ela ganhou facilmente o assento, tornando-se a primeira deputada negra do país e, com Bernie Grant e Paul Boateng, um dos primeiros membros da Câmara dos Comuns de ascendência africana.

Como deputado, Abbott foi franco em questões de raça, liberdades civis e direitos humanos. Ela foi particularmente notada por se opor aos esforços para prolongar o tempo que os suspeitos de terrorismo poderiam ser detidos sem acusação. Seu trabalho sobre o assunto foi reconhecido pelas organizações JUSTIÇA, Liberdade e Sociedade de Direito, que em conjunto a presentearam com um prêmio especial de direitos humanos em 2008. Após as eleições gerais britânicas de 2010, nas quais o Partido Trabalhista perdeu sua maioria, Abbott concorreu sem sucesso à liderança do partido. Mais tarde, em 2010, ela foi nomeada ministra-sombra do Trabalho da saúde pública. (Um ministro-sombra é membro do partido de oposição que serve como porta-voz desse partido em certas questões e que vigia de perto as ações do ministro correspondente no governo executivo).

Apesar da fraca participação dos Trabalhistas nas eleições gerais de 2015, Diane Abbott se agarrou ao seu assento na Câmara dos Comuns. Ela passou a servir como secretária de estado sombra do desenvolvimento internacional em 2015-2016 antes de se tornar secretária de estado sombra da saúde pública em junho de 2016. Quando o líder trabalhista Jeremy Corbyn remodelou seu gabinete sombra em outubro, Abbott foi elevada ao cargo de secretária da Casa Sombra. Diane Abbott foi reeleita para seu assento na Câmara dos Comuns nas eleições gerais de 2017.

Destaques

- Os pais de Diane Abbott, originalmente da Jamaica, imigraram para o Reino Unido no início dos anos 50.
- Como membro do Partido Trabalhista, Diane Abbott atuou como assessora de imprensa do Conselho da Grande Londres e do Conselho do Município de Lambeth e foi ativa em questões de raça e liberdades civis.

- Diane Abbott tornou-se a primeira mulher negra membro do Parlamento do país e, com Bernie Grant e Paul Boateng, um dos primeiros membros da Câmara dos Comuns de ascendência africana.
- Falando abertamente sobre muitas questões, Abbott ocupou uma posição de esquerda no Partido Trabalhista durante os anos 90, quando o programa de reforma ("modernização") de Tony Blair abandonou muitas das políticas socialistas tradicionais do partido.
- Diane Abbott foi reeleita para seu assento na Câmara dos Comuns na eleição geral de junho de 2017.

Questões de pesquisa

---

1. Como esta história poderia afetar as crianças e adolescentes afro-americanos?
2. Existem figuras femininas negras com as quais você estaria interessado em ser comparado?
3. Quais são algumas coisas que podem ajudar a fortalecer nossa comunidade moderna como estas mulheres negras fizeram por elas?

Ida B. Wells-Barnett (1862-1931)

Jornalista afro-americano e defensor dos direitos civis

"É extremamente difícil levar adiante meus objetivos, mas eu senti a responsabilidade de mostrar ao mundo o que os afro-americanos estão enfrentando através deste período difícil".

Ida Bell Wells-Barnett liderou uma cruzada antilynching nos Estados Unidos na década de 1890. O linchamento é uma forma de violência na qual uma turba alega administrar a justiça sem julgamento e executa um suposto infrator. Wells-Barnett usou tanto jornais quanto palestras para fazer passar sua mensagem. Wells foi militante em sua exigência de justiça para os afro-americanos e em sua insistência de que ela deveria ser conquistada por seus próprios esforços.

Ida Bell Wells nasceu em 16 de julho de 1862, em Holly Springs, Mississippi. Seus pais foram escravizados. Ela foi educada na Shaw University (agora Rust College), uma escola para negros libertados em Holly Springs. Em 1878, seus pais morreram durante um surto de febre amarela. Wells começou a ensinar em uma escola de campo para sustentar seus irmãos e irmãs. Depois de mudar sua família para Memphis, Tennessee, em 1884, Wells continuou a ensinar.

Wells também freqüentou a Universidade Fisk em Nashville, Tennessee, durante várias sessões de verão. Enquanto viajava de trem para Nashville naquele ano, um maestro a forçou a deixar um carro "só dos brancos". Wells entrou com uma ação judicial contra a empresa ferroviária e recebeu 500 dólares. Entretanto, em 1887, a Suprema Corte do Tennessee anulou a decisão da corte inferior.

Enquanto isso, juntamente com o ensino, Wells começou a escrever artigos de jornal sobre política e raça no Sul. Ela criticou a discriminação que os afro-americanos vivenciaram. Como seus artigos causavam controvérsia e geralmente irritavam os brancos, ela escreveu usando o nome de caneta Iola. Ela acabou se tornando co-proprietária do jornal Memphis Free Speech e Headlight.

Wells continuou a focar sua escrita nas injustiças raciais que viu. Seus anos de ensino no sistema escolar público do Sul lhe mostraram que as crianças afro-americanas não eram tratadas tão bem quanto as crianças brancas. Ela finalmente começou a escrever artigos criticando as práticas educacionais injustas. Como resultado, em 1891 a diretoria da escola recusou-se a renovar seu contrato de ensino.

Em 1892, depois que uma turba de Memphis linchou três de seus amigos, Wells iniciou uma campanha editorial contra o linchamento. Ela investigou vários linchamentos na área e relatou suas descobertas. Wells concluiu que os linchamentos não foram realizados para punir criminosos, como alegavam os membros da máfia, mas para controlar afro-americanos e manter os brancos em uma posição superior sobre eles.

Wells usou seus editoriais para incitar os afro-americanos a boicotar os negócios de Memphis e a se mudar para o Ocidente. Seu trabalho enfureceu muitos brancos. Enquanto ela viajava para Nova York, Nova York, uma turba saqueou os escritórios de Memphis Free Speech. Eles destruíram a gráfica e queimaram o prédio. Ela permaneceu em Nova York, onde Wells continuou sua cruzada contra o linchamento.

Enquanto estava em Nova Iorque, Wells escreveu artigos sobre linchamento para a Era de Nova Iorque. Ela também começou a dar palestra sobre o assunto e a organizar sociedades anti linchamento. Wells viajou para muitas grandes cidades americanas, incluindo Filadélfia, Pensilvânia, para falar. Em 1893, ela visitou a Grã-Bretanha para divulgar sua mensagem. Seu sucesso lá lhe deu um palco mundial para divulgar os males do linchamento. Wells foi convidada de volta à Grã-Bretanha para uma segunda excursão de oradores. Em 1895, ela publicou o panfleto The Red Record. Trata-se de um olhar detalhado sobre o linchamento.

Quando Wells voltou para os Estados Unidos em 1893, ela se mudou para Chicago, Illinois. A Exposição Mundial Colombiana estava sendo realizada lá naquele ano. Ela protestou que a feira excluía os afro-americanos tanto da exposição quanto do trabalho lá. Junto com o líder dos direitos civis Frederick Douglass e Ferdinand L. Barnett, advogado, editor e funcionário público de Chicago, Wells publicou o panfleto The Reason Why the Colored American Is Not in the World's Columbian Exhibition (1893).

Ela também começou a contribuir com o Conservador de Chicago da Barnett. Barnett tinha fundado o jornal em 1878. Foi o primeiro jornal afro-americano em Chicago e apenas o segundo em Illinois. Com apenas quatro páginas, o jornal popular discutia raça, política e a comunidade.

Em 1895, Wells casou-se com Barnett e adotou o nome Wells-Barnett. Ela comprou o Conservador de Chicago da Barnett naquele ano e foi sua editora por um tempo. Embora o casal tenha fundado uma família, a

Wells-Barnett continuou a dar palestras e a escrever sobre questões de direitos civis.

Durante sua carreira, a Wells-Barnett abraçou o movimento dos clubes de mulheres, incentivando as mulheres a ingressar em clubes que as mulheres administravam e controlavam. Ela acreditava que tais organizações eram um meio para as mulheres se tornarem mais instruídas e para melhorar a sociedade através do serviço comunitário. Assim, a Wells-Barnett ajudou a organizar as mulheres afro-americanas locais em várias causas, desde a campanha contra o linchamento até o movimento por sufrágio.

A Wells-Barnett cofundou o Clube Alpha Suffrage de Chicago, que pode ter sido o primeiro grupo de mulheres negras a sufragar, em 1913. Depois que as mulheres de Illinois receberam direitos parciais de voto, a organização concentrou-se em aproveitar o poder de voto dos afro-americanos. Em 1915, o grupo foi fundamental para que o primeiro vereador negro fosse eleito em Chicago.

De 1898 a 1902 a Wells-Barnett atuou como secretária do Conselho Nacional Afro-Americano. Em 1909 ela participou da reunião do Movimento Niágara e da subseqüente fundação da Associação Nacional para o Progresso das Pessoas de Cor (NAACP). Ela serviu como membro do comitê executivo da NAACP.

A Wells-Barnett ficou desencantada com a liderança branca e negra de elite, no entanto, e deixou a organização. Em 1910, ela fundou e se tornou a primeira presidente da Liga Negra de Companheirismo, que ajudou os migrantes recém-chegados do Sul. De 1913 a 1916 a Wells-Barnett trabalhou como agente de liberdade condicional da corte municipal de Chicago. Ela morreu em 25 de março de 1931, em Chicago. Sua autobiografia, Cruzada pela Justiça, foi publicada postumamente em 1970.

Destaques

- Ida Wells nasceu escrava e foi educada na Universidade de Rust, uma escola de homens livres em sua terra natal, Holly Springs,

Mississippi, e aos 14 anos de idade começou a lecionar em uma escola de campo.

- Em 1887, a Suprema Corte do Tennessee, invertendo uma decisão do Tribunal de Circuito, decidiu contra a Wells em um processo que ela havia iniciado contra a Estrada de Ferro Chesapeake & Ohio por ter sido retirada à força de seu assento depois que ela se recusou a desistir por um em um carro "colorido apenas".
- Usando o nome de caneta Iola, Wells em 1891 também escreveu alguns artigos de jornal críticos sobre a educação disponível para as crianças afro-americanas.
- Em 1892, após três amigos dela terem sido linchados por uma turba, Wells iniciou uma campanha editorial contra o linchamento que rapidamente levou ao saque do escritório de seu jornal.

Questões de pesquisa

---

1. Quais são algumas das qualidades que definem as mulheres negras influentes em seus olhos?
2. Por que você acha que as mulheres negras podem ser tão confiantes e destemidas diante da adversidade?
3. Qual é um dos momentos mais fortalecedores de sua vida em que você se sentiu uma pessoa destemida?

Shonda Rhimes (nascida em 1970)

Escritor e produtor afro-americano

"A felicidade vem de viver como você precisa, como você quer". Como sua voz interior lhe diz. A felicidade vem de ser quem você realmente é, ao invés de ser quem você pensa que deveria ser".

Shonda Rhimes era mais conhecida por criar várias séries populares de televisão no início do século 21. Seus programas incluíram Grey's Anatomy, que começou em 2005, e Scandal, que foi ao ar de 2012 a 2018. Com Grey's Anatomy, ela se tornou a primeira mulher afro-americana a criar e servir como produtora executiva de uma série de televisão de primeira linha em uma rede de televisão.

Shonda Lynn Rhimes nasceu em 13 de janeiro de 1970, em Chicago, Illinois. Formou-se no Dartmouth College, em New Hampshire, em 1991. Rhimes inicialmente queria escrever romances, mas acabou freqüentando a faculdade de cinema da Universidade do Sul da Califórnia. Em 1998 escreveu e dirigiu o curta-metragem Blossoms and Veils. No ano seguinte, ela escreveu o filme da HBO TV Introducing Dorothy Dandridge. O filme estrelou Halle Berry como Dandridge, a primeira mulher negra a ser indicada para um Oscar de melhor atriz. Rhimes escreveu em seguida um roteiro para o longa-metragem Crossroads (2002), que estrelou a cantora pop Britney Spears. Em 2004 Rhimes escreveu The Princess Diaries 2: Royal Engagement (2004), uma comédia romântica estrelada por Anne Hathaway e Julie Andrews.

Rhimes posteriormente voltou seu foco para o trabalho na televisão. Sua primeira série foi um programa sobre correspondentes de guerra, mas apenas o episódio piloto foi feito. Seu avanço veio quando ela criou Grey's Anatomy. O drama enfoca a vida profissional e pessoal dos cirurgiões. Ela estreou em 2005 e foi um sucesso imediato. O espetáculo ganhou atenção por seu elenco diversificado, fortes personagens femininas e relações inter-raciais. Em 2007 Rhimes criou o Private Practice, um spin-off de Grey's Anatomy que durou até 2013. Outro spin-off, a Estação 19, estreou em 2018. Ambos os espetáculos foram produzidos pela ShondaLand, a produtora Rhimes tinha se estabelecido em 2005.

Em 2012 Rhimes estreou a série de TV Scandal. O drama estrelou Kerry Washington como um Washington, D.C., fixador político que está tendo um caso com o presidente. Com seus enredos de ritmo acelerado, o programa foi outro sucesso. Também marcou a primeira vez em cerca de quatro décadas que um drama de rede apresentou uma mulher afro-americana no papel principal. O escândalo terminou em 2018. ShondaLand também teve um sucesso com o drama legal How to Get Away with Murder, que estreou em 2014 e estrelou Viola Davis. O sucesso destas séries ajudou a fazer de Rhimes uma das pessoas mais poderosas da televisão. Seus programas posteriores incluíram The Catch (2016-17), sobre uma investigadora feminina. Ainda Star-Crossed (2017) foi um drama inspirado em Shakespeare depois das mortes de Romeu e Julieta.

Em 2015 Rhimes publicou um livro de auto-ajuda. Foi intitulado Ano do Sim: Como Dançar, Ficar ao Sol e Ser Sua Própria Pessoa.

Destaques

- Após se formar em Dartmouth em 1991, Shonda Rhimes inicialmente sonhava em se tornar uma romancista, mas acabou freqüentando uma escola de cinema na Universidade do Sul da Califórnia.
- Em 1999, Shonda Rhimes escreveu o filme da HBO TV Introducing Dorothy Dandridge, estrelando Halle Berry como a cantora e atriz que foi a primeira mulher negra a ser indicada para um Oscar de melhor atriz.
- Em seguida, Shonda Rhimes escreveu roteiros para os longas Crossroads (2002), um veículo para a cantora pop Britney Spears, e The Princess Diaries 2: Royal Engagement (2004), uma comédia romântica estrelada por Anne Hathaway e Julie Andrews.
- Seu avanço veio quando ela criou a Anatomia de Grey's.

Questões de pesquisa

---

1. Qual é seu programa favorito dirigido por mulheres negras para assistir na TV?
2. Qual mulher negra famosa tem sido sua inspiração ultimamente, e por quê?
3. Como era / poderia ser o feminismo para uma estudante negra na Nova Zelândia em comparação com a América?

Venus Williams (nascido em 1980)

tenista afro-americano

"você tem que acreditar em si mesmo quando ninguém mais faz isso é o que faz de você um vencedor"

Uma vontade agressiva de vencer e um forte jogo de tênis americano caracterizou o tenista Venus Williams. Aos 17 anos de idade, o jogador sem sementes, relativamente desconhecido, tornou-se o primeiro afro-americano a chegar às finais femininas do Aberto dos Estados Unidos desde que Althea Gibson conquistou o título em 1958. Quando Williams ganhou o título de solteira em Wimbledon em 2000, ela foi também a primeira afro-americana a fazê-lo desde que Gibson ganhou em 1958. Williams se tornou a melhor jogadora de tênis do mundo em 2002.

Venus Ebony Starr Williams nasceu em 17 de junho de 1980, em Lynwood, Califórnia. Introduzida no tênis quando era apenas uma criança, Williams perseguiu seu interesse pelo jogo em quadras públicas em sua cidade natal de Compton, Califórnia, um subúrbio de Los Angeles atormentado por gangues e crimes violentos.

Venus Williams e sua irmã Serena foram treinados quase que exclusivamente por seus pais, nenhum dos quais teve nenhum treinamento formal de tênis. Em 1991 a família se mudou para Fort Lauderdale, Flórida, onde Rick Macci, o treinador profissional que desenvolveu o jogo de Jennifer Capriati, treinou as irmãs.

Conduzida por seu pai, Venus Williams deixou a competição júnior aos 11 anos de idade para se concentrar na escola. Enquanto a maioria dos jovens jogadores é bem temperada na competição júnior quando entram em torneios profissionais, Williams entrou na competição profissional em 1994 aos 14 anos de idade com relativamente pouca experiência em jogos de competição.

Os pais de Venus Williams investiram nela um forte senso de autoconfiança, que cresceu e se tornou uma vontade destemida de vencer. Uma jogadora excepcionalmente alta, ela teve que dobrar os joelhos profundamente para devolver as fatias de um adversário. Seu poderoso serviço era cronometrado a mais de 160 quilômetros por hora.

A Venus Williams entrou no Open dos Estados Unidos de 1997 e foi classificada como número 66 pela Women's Tennis Association (WTA). Williams foi a primeira mulher sem sementes a chegar a uma final de solteiros do Aberto dos EUA desde o início da era aberta em 1968 e a primeira mulher a chegar a uma final do Aberto dos EUA em sua estréia desde que Pam Shriver avançou para a final em 1978, aos 16 anos. Ela perdeu na final para Martina Hingis, de 16 anos de idade, primeira semeadora, mas o ranking WTA de Williams melhorou para o número 27.

Em março de 1998 Venus Williams reivindicou seu primeiro título de solteira profissional no IGA Tennis Classic. Mais tarde naquele mês, ela derrotou a Hingis nas semifinais e depois Anna Kournikova nas finais para conquistar o Campeonato Lipton de 1,9 milhões de dólares, tornando-se a primeira mulher nascida nos EUA a vencer o torneio desde que Chris Evert o fez em 1986. Após a vitória de Venus Williams, ela ficou em 10º lugar.

Depois que Serena entrou na viagem profissional, a carreira de solteira das irmãs muitas vezes as colocava umas contra as outras. Embora Serena tenha sido a primeira da dupla a ganhar um título de solteira no Grand Slam, no Aberto dos Estados Unidos de 1999, Vênus seguiu com uma vitória em Wimbledon, em 2000. Ela derrotou Serena nas semifinais e Lindsay Davenport nas finais, ambas em sets consecutivos. No U.S. Open daquele ano, Venus triunfou sobre Hingis, primeiro no ranking, e depois Davenport, segundo no ranking, para levar o título. Ela venceu seu segundo Wimbledon e o U.S. Open em 2001.

Venus Williams terminou as temporadas de 2000 e 2001 em terceiro lugar no mundo. Em fevereiro de 2002 ela se tornou a décima mulher a ocupar o primeiro lugar do ranking. Mais tarde naquele ano, Serena a derrotou na rodada final do Open da França, Wimbledon, e do Open dos EUA, e Serena a superou no ranking mundial.

Venus Williams ganhou Wimbledon novamente em 2005, 2007, e 2008. Em 2017 ela chegou às finais do Aberto da Austrália, onde perdeu em jogos retos para Serena. Aos 36 anos, Vênus foi a mais antiga finalista de solteiros do Aberto da era aberta.

As irmãs Williams também jogaram torneios duplos juntas, conquistando títulos nos quatro eventos do Grand Slam: o Open dos EUA (1999 e 2009), o Open da França (1999 e 2010), Wimbledon (2000, 2002, 2008, 2009 e 2012), e o Open da Austrália (2001, 2003, 2009 e 2010). Nos Jogos Olímpicos de 2000 em Sydney, Austrália, as irmãs ganharam uma medalha de ouro na competição de duplas, e Vênus levou o ouro em solteiros. As irmãs também ganharam a medalha de ouro em duplas nas Olimpíadas de 2008 em Pequim, China, e nas Olimpíadas de 2012 em Londres, Inglaterra.

Destaques

- Como sua irmã Serena, Vênus foi apresentada ao tênis nas quadras públicas de Los Angeles por seu pai, que desde cedo reconheceu seu talento e supervisionou seu desenvolvimento.

- Venus Williams se tornou profissional em 1994 e logo chamou a atenção por seus poderosos serviços e traços de terra.
- Em 2000 Williams ganhou tanto Wimbledon quanto o U.S. Open, e ela defendeu com sucesso seus títulos em 2001.
- Nos Jogos Olímpicos de 2000 em Sydney, ela conquistou a medalha de ouro na competição de solteiros e reclamou uma medalha de ouro com sua irmã na competição de duplas.
- Em 2008, Venus Williams derrotou Serena por um quinto título de Wimbledon de carreira, colocando-a em quinto lugar em todos os campeonatos de Wimbledon de mulheres solteiras.

Questões de pesquisa

---

1. Qual é o momento mais humilhante de sua vida?
2. O que essas mulheres significam para você e sua identidade?
3. Qual é a coisa mais legal que você sabe sobre essas mulheres que poucas pessoas sabem sobre elas?
4. Há algum tempo você já se sentiu semelhante ao que uma mulher negra influente poderia ter sentido em sua vida, seja historicamente ou agora mesmo, em sua própria vida?

Phylicia Rashad (nascida em 1948)

A primeira atriz afro-americana a ganhar um Prêmio Tony de melhor atriz

"Há sempre algo que sugere que você nunca será quem você queria ser. Sua escolha é pegar ou continuar em movimento".

Phylicia Rashad ganhou a honra em 2004 por sua atuação na peça A Raisin in the Sun. Rashad já havia se tornado famosa por seu trabalho na série de televisão The Cosby Show (1984-1992).

Ela nasceu Phylicia Ayers Allen em 19 de junho de 1948, em Houston, Texas. Phylicia Allen foi a segunda de quatro crianças nascidas de Vivian Ayers Allen, poetisa premiada com o Pulitzer, e Andrew Arthur Allen, dentista. Seu irmão mais velho, Andrew Arthur ("Tex") Allen, Jr., passou a ser músico de jazz, e sua irmã, Debbie Allen, era dançarina, atriz, produtora e diretora de televisão.

Phylicia Allen se formou na Howard University, Washington, D.C., em 1970, com um B.F.A. em teatro. Logo depois, ela encontrou trabalho com a Negro Ensemble Company em Nova York. Ela fez sua primeira aparição na Broadway em 1972. Ela teve pequenos papéis nos musicais de sucesso The Wiz (1975) e Dreamgirls (1981) antes de fazer a transição para a televisão.

Em 1982, Allen conseguiu um papel regular na novela diurna One Life to Live. Dois anos depois o comediante Bill Cosby a escolheu para o papel de sua esposa, a advogada Clair Huxtable, na comédia de situação revolucionária The Cosby Show. Após se casar com o radialista esportivo Ahmad Rashad em 1985, ela começou a usar seu sobrenome profissionalmente (o casal se divorciou em 2001). Seu papel de Clair - gracioso, mas assertivo, digno, mas dedicado - foi decisivo para Rashad e lhe rendeu duas indicações ao prêmio Emmy. Phylicia Rashad também interpretou a esposa de Cosby na série Cosby (1996-2000).

Durante os anos 90 e início dos anos 2000, Phylicia Rashad retornou ao palco enquanto continuava a trabalhar continuamente na televisão. Ela ganhou aclamação da crítica por seu retrato da Tia Ester em agosto de 2003, em produções em Los Angeles e na Broadway. Em 2004, Rashad estrelou como Lena Younger, a matriarca de uma família afro-americana em luta na década de 1950 em Chicago, em A Raisin in the Sun, de Lorraine Hansberry. Por essa atuação ela ganhou - além do Prêmio Tony de melhor atriz - o Drama Desk Award 2004.

Mais tarde, Phylicia Rashad estrelou em uma adaptação televisiva (2008) da peça. Em 2007, Rashad fez sua estréia como diretora no leme da produção de Gemas do Oceano do Seattle Repertory Theatre. No ano seguinte, ela novamente fez história na Broadway quando Tennessee Williams's Cat on a Hot Tin Roof abriu com seu primeiro elenco totalmente negro. Com costar James Earl Jones, Rashad ancorou a produção e desempenhou o papel de Big Mama. Em 2009, Phylicia Rashad retratou uma matriarca viciada em drogas na produção de agosto de Tracy Letts, na Broadway: Condado de Osage.

Phylicia Rashad ocasionalmente atuava em filmes. Em 2010, ela atuou na comédia romântica Just Wright e no conto de mal-estar mental Frankie & Alice. Nesse ano, Rashad também atuou no drama de conjunto For Colored Girls, adaptação cinematográfica de Tyler Perry da peça teatral de Ntozake Shange de 1975 For Colored Girls Who Have Considered Suicide/ When the Rainbow Is Enuf.

Phylicia Rashad apareceu mais tarde no drama romântico de Perry Good Deeds (2012) e em uma adaptação de filme de TV (2012) da peça Steel Magnolias. Assim como com Cat on a Hot Tin Roof, esta última obra apresentou um elenco predominantemente negro, em contraste com seu palco original e suas produções cinematográficas.

Em 2013, Phylicia Rashad voltou às séries de televisão com Do No Harm. Naquele programa ela interpretou o chefe de um cirurgião afligido por um distúrbio de personalidade do tipo Jekyll-and-Hyde. Ela retratou a viúva do pugilista Rocky Balboa, amigo (e ex-protagonista) de Apollo Creed, na seqüência de filmes Rocky Creed (2015).

Destaques

- Seu papel de Clair - gracioso, mas assertivo, digno, mas dedicado - foi decisivo para Phylicia Rashad e lhe rendeu duas indicações ao Prêmio Emmy.
- Durante os anos 90 e início dos anos 2000, ela voltou ao palco, enquanto continuava a trabalhar continuamente na televisão.
- O retrato de Rashad da tia Ester semi-mítica em agosto Wilson's Gem of the Ocean (2003) em produções em Los Angeles e na Broadway ganhou elogios entusiásticos.
- Phylicia Rashad mais tarde teve papéis recorrentes no Empire e This Is Us; seu trabalho nesta última série rendeu-lhe duas indicações ao Emmy.

Questões de pesquisa

1. Quem você acha que é a próxima grande descoberta no mundo da música e da TV que é uma mulher e faz parte de um grupo minoritário?
2. Quais são seus pensamentos pessoais sobre as mulheres negras e outras pessoas de cor que tiveram que lutar contra a discriminação durante toda sua vida?
3. Qual é sua opinião sobre as mulheres negras que são fortes e independentes?

Zora Neale Hurston (1891-1960)

Escritor, folclorista e antropólogo afro-americano

"Se você ficar em silêncio sobre sua dor, eles o matarão e dirão que você gostou".

Zora Neale Hurston celebrou a cultura afro-americana do Sul rural. Ela escreveu vários romances, assim como livros de mitologia negra, lendas e folclore.

Zora Neale Hurston nasceu em 7 de janeiro de 1891, em Notasulga, Ala. Embora ela tenha afirmado ter nascido em 1901 em Eatonville, Fla., ela se mudou com sua família para Eatonville apenas quando criança. Aos 16 anos de idade, ela entrou para uma companhia de teatro itinerante e acabou em Nova York durante o Harlem Renaissance.

Zora Neale Hurston freqüentou a Universidade Howard de 1921 a 1924 e em 1925 ganhou uma bolsa de estudos para o Barnard College, onde estudou antropologia com Franz Boas. Ela se formou na Barnard em 1928 e durante dois anos fez pós-graduação em antropologia na Columbia University. Hurston também realizou estudos de campo em folclore entre afro-americanos no Sul. Um resultado desses estudos foi o livro Mules and Men (1935), uma coleção de folclore apresentada no âmbito de uma narrativa unificadora.

A formação de Zora Neale Hurston também se refletiu em seus romances, a maioria dos quais incorporou elementos do folclore até certo ponto. Depois de estudar no Haiti e na Jamaica em 1936, ela escreveu Their Eyes Were Watching God (1937), que foi amplamente considerado seu melhor romance. Ele contava a história do crescimento de uma jovem mulher negra rumo à autoconsciência e à independência. Os outros romances de Hurston foram o Gourd Vine de Jonas (1934), o conto de um pregador negro; o alegórico Moses, Homem da Montanha (1939); e Seraph on the Suwanee (1948).

Durante vários anos Zora Neale Hurston fez parte do corpo docente da Faculdade de Negros da Carolina do Norte (agora Universidade Central da Carolina do Norte) em Durham. Ela também fazia parte da equipe da Biblioteca do Congresso. Dust Tracks on a Road (1942), uma autobiografia, é altamente considerada. Apesar de sua promessa inicial, na época de sua morte ela era pouco lembrada pelo público leitor em geral, mas houve um ressurgimento de interesse em seu trabalho no final do século 20.

Várias outras coleções foram publicadas postumamente, incluindo Spunk: The Selected Stories (1985), The Complete Stories (1995), e Every Tongue Got to Confess (2001), uma coleção de contos folclóricos do Sul. Em 1995, a Biblioteca da América publicou um conjunto de dois volumes de seu trabalho em sua série. Zora Neale Hurston morreu em 28 de janeiro de 1960, em Fort Pierce, Flórida.

Destaques

- Em 1930 Zora Neale Hurston colaborou com Hughes em uma peça intitulada Mule Bone: A Comedy of Negro Life in Three Acts (publicada postumamente em 1991).
- Durante vários anos Zora Neale Hurston fez parte do corpo docente da Faculdade de Negros da Carolina do Norte (agora Universidade Central da Carolina do Norte) em Durham.
- Apesar da promessa inicial de Zora Neale Hurston, na época de sua morte, ela era pouco lembrada pelo público leitor em geral, mas houve um ressurgimento de interesse em seu trabalho no final do século 20.
- Além da Mule Bone, várias outras coleções também foram publicadas postumamente; estas incluem Spunk: The Selected Stories (1985), The Complete Stories (1995), e Every Tongue Got to Confess (2001), uma coleção de contos folclóricos do Sul.

Questões de pesquisa

---

1. Quem é sua heroína negra feminista favorita e por que você a ama?
2. Quem era sua heroína quando você era criança, seja na vida real ou na TV/movies?
3. Como o mundo seria diferente, se fosse dirigido por mulheres (negras) em vez da sociedade de hoje?

Mahalia Jackson (1911-1972)

Cantor do evangelho afro-americano

"A fé e a oração são as vitaminas da alma; o homem não pode viver com saúde sem elas".

Com sua voz vibrante e cheia de alma, a cantora afro-americana do evangelho Mahalia Jackson cintou hinos e espirituais com uma intensidade e riqueza que a tornaram famosa em todo o mundo. Embora Jackson pudesse ter se tornado uma cantora de blues de sucesso, ela decidiu, desde cedo, dedicar seu talento à música com conteúdo religioso e sua energia para ajudar as pessoas a viver em paz e harmonia.

Mahalia Jackson nasceu em 26 de outubro de 1911, em Nova Orleans, Louisiana, para Johnny Jackson, um estivador, pregador e barbeiro, e sua esposa, Charity, lavadeira e empregada. Uma família muito pobre, os

Jackson também eram extremamente religiosos. A mãe de Mahalia, que morreu quando Mahalia tinha 5 anos, era uma batista devota, e Mahalia cantava regularmente hinos no coro da igreja.

Crescendo em Nova Orleans, Mahalia Jackson também foi influenciada pelos diversos sons e ritmos das ruas, bem como pelas canções da lendária cantora de blues Bessie Smith. Enquanto o estilo blues era popular entre os negros no Sul, a família de Mahalia rejeitou as canções de blues como sendo decadentes e a desencorajou de cantá-las.

Quando tinha 16 anos, Mahalia Jackson foi morar com um parente em Chicago, onde esperava freqüentar a escola de enfermagem. Armada apenas com uma educação de oito anos, Jackson logo se viu ganhando dinheiro fazendo trabalhos domésticos. Ao entrar numa igreja batista local, Jackson fez uma audição para o coral e foi imediatamente convidada a ser solista.

A notícia de seu talento se espalhou e logo Mahalia Jackson estava se apresentando em outras igrejas e em funerais em toda a área de Chicago. Quando o avô de Jackson teve um derrame e entrou em coma, ela prometeu que se ele se recuperasse, Jackson nunca cantaria nenhuma canção da qual ele desaprovaria. Ele se recuperou e ela cumpriu seu voto, embora mais tarde lhe tenham oferecido grandes somas de dinheiro para apresentar o blues em discotecas.

Começando no final dos anos 30, Mahalia Jackson passou cinco anos em turnê pelo país com o conhecido compositor Thomas A. Dorsey. Eles visitavam igrejas e tendas evangélicas, onde Jackson cantava hinos tradicionais. Tendo ganho muito pouco dinheiro em seus anos de turnê, Jackson voltou a Chicago e abriu uma loja de beleza e uma loja de flores.

Um dia Mahalia Jackson estava praticando em um estúdio de gravação em 1946 quando um representante da gravadora Decca a ouviu cantar e lhe pediu para fazer uma gravação. "Move on up a Little Higher" (1946) se tornou seu sucesso inovador. O single acabou se tornando platina e a impulsionou para os holofotes nacionais.

De repente famosa, Mahalia Jackson comprou um automóvel suficientemente grande para dormir, para que ela tivesse um lugar para passar a noite quando se apresentava em áreas segregadas, onde os motéis recusavam quartos a negros. Ela também levava sua própria comida com ela para que não tivesse que patrocinar restaurantes segregados.

O canto notável de Mahalia Jackson acabou atraindo o público branco. Sua popularidade se espalhou nacional e internacionalmente. Um dos concertos mais famosos de Jackson aconteceu em Israel, onde ela se apresentou para uma platéia de cristãos, judeus e muçulmanos.

Mahalia Jackson dedicou grande parte de seu tempo e energia ao movimento de direitos civis dos anos 50 e 60. Ela participou do boicote aos ônibus de Montgomery que se seguiu à recusa de Rosa Parks em ceder seu assento de ônibus a uma pessoa branca. Mahalia Jackson cantou o antigo inspirador "I Been 'Buked and I Been Scorned" para mais de 200.000 pessoas na marcha de 1963 em Washington, D.C., pouco antes do famoso discurso de Martin Luther King "I Have a Dream".

Mahalia Jackson morreu de insuficiência cardíaca em 27 de janeiro de 1972, e foi lamentada por fãs ao redor do mundo. Sua única ambição não concretizada foi construir uma igreja não sectária e não confessional em Chicago. Ela foi admitida no Hall da Fama do Rock and Roll na categoria Influências Primitivas em 1997.

Destaques

- Mahalia Jackson chamou a atenção do público pela primeira vez na década de 1930, quando participou de uma turnê gospel cross-country cantando canções como "He's Got the Whole World in His Hands" e "I Can Put My Trust in Jesus".
- Mahalia Jackson cantou no rádio e na televisão e, a partir de 1950, se apresentou para platéias transbordantes em concertos anuais no Carnegie Hall na cidade de Nova Iorque.
- Oito dos discos de Jackson venderam mais de um milhão de cópias cada um.
- Nos anos 50 e 60, Mahalia Jackson era ativa no movimento de direitos civis.

Questões de pesquisa

1. Se eu pudesse escolher qualquer superpotência ou talento, o que seria e por quê?
2. Você tem algum medo ou inseguranças que o impeçam de ser você mesmo e assumir o controle de seu futuro?
3. Como podemos lidar com o racismo e ao mesmo tempo equilibrar o desejo de uma mudança rápida?

Rita Dove (nascida em 1952)

O primeiro poeta afro-americano a servir como poeta laureado dos Estados Unidos

"A poesia é a linguagem mais destilada e mais poderosa".

A escritora e professora afro-americana Rita Dove foi poetisa laureada dos Estados Unidos de 1993 a 1995. Em sua poesia, ela abordou as maiores dimensões sociais e políticas da experiência afro-americana, principalmente por indireção.

Rita Frances Dove nasceu em 28 de agosto de 1952, em Akron, Ohio. No ensino médio ela foi classificada entre os 100 melhores alunos do país em 1970, e Dove foi nomeada bolsista presidencial. Ela se formou com as maiores honras pela Universidade de Miami em Ohio em 1973 e posteriormente estudou na Universidade de Tübingen na Alemanha como bolsista Fulbright.

Rita Dove estudou escrita criativa na Universidade de Iowa, onde recebeu um mestrado em artes plásticas em 1977, e publicou o primeiro de vários pequenos livros de sua poesia. De 1981 a 1989 Dove lecionou na Universidade Estadual do Arizona, deixando esse posto para lecionar na Universidade da Virgínia.

Em suas coleções de poesia, incluindo The Yellow House on the Corner (1980) e Museum (1983), bem como um volume de contos curtos intitulado Fifth Sunday (1985), Rita Dove concentrou sua atenção nas particularidades da vida familiar e da luta pessoal. O Prêmio Pulitzer Thomas e Beulah (1986) é um ciclo de poemas que narra a vida dos avós maternos da autora, nascidos no Sul Profundo, na virada do século.

Os trabalhos subseqüentes incluem as coleções de poesia The Other Side of the House (1988), Grace Notes (1989), Selected Poems (1993), Mother Love (1995), On the Bus with Rosa Parks (1999), e o romance Through the Ivory Gate (1992).

Em 1993, Rita Dove tornou-se a pessoa mais jovem e a primeira afro-americana a ser nomeada poetisa laureada dos Estados Unidos pela Biblioteca do Congresso. A peça de Dove The Darker Face of the Earth (publicada em 1994) foi produzida pela primeira vez em 1996.

Destaques

- Rita Dove estudou escrita criativa na Universidade de Iowa (M.F.A., 1977) e publicou o primeiro de vários capítulos de sua poesia em 1977.
- Em suas coleções de poesia, incluindo The Yellow House on the Corner (1980) e Museum (1983), bem como um volume de contos intitulado Fifth Sunday (1985), Dove concentrou sua atenção nas particularidades da vida familiar e da luta pessoal, abordando as maiores dimensões sociais e políticas da experiência negra principalmente pela indireção.
- Em 1993, Rita Dove foi nomeada poetisa laureada dos Estados Unidos pela Biblioteca do Congresso, tornando-se a pessoa mais jovem e a primeira afro-americana a ocupar o cargo.
- Em 2018 Dove foi nomeado editor de poesia do The New York Times Magazine.

Questões de pesquisa

1. Qual é seu livro favorito escrito por uma mulher negra?
2. Qual personagem (feminina) negra famosa, influente e destemida você mais admira?
3. Como ter um modelo negro como ela teria mudado a trajetória de sua vida?

Seu Presente

Você tem um livro em suas mãos.

Não é um livro qualquer, é um livro de livros para a imprensa estudantil! Nós escrevemos sobre os heróis negros, a capacitação das mulheres, mitologia, filosofia, história, e outros assuntos interessantes!

Desde que você comprou um livro, queremos que você tenha outro de graça.

Tudo o que você precisa é um endereço de e-mail e a possibilidade de assinar nossa newsletter (o que significa que você pode cancelar a inscrição a qualquer momento).

Então, do que você está esperando? Inscreva-se hoje e reclame seu livro gratuito imediatamente! Tudo o que você precisa fazer é visitar o link abaixo e digitar seu endereço de e-mail. Você receberá o link para baixar a versão em PDF do livro imediatamente para que possa ser lido offline a qualquer momento.

E não se preocupe - não há taxas de captura ou escondidas; apenas um bom brinde à moda antiga de nós aqui na Student Press Books.

Visite este link agora mesmo e inscreva-se para receber seu exemplar gratuito de um de nossos livros!

Link: https://campsite.bio/studentpressbooks

Livros

Nossos livros estão disponíveis em todos os principais revendedores de livros on-line. Confira os pacotes digitais de nossos livros aqui: https://payhip.com/studentPressBooksPTBR

A série de livros História da Negritude

Bem-vindo à série de livros História da Negritude. Conheça negros que são exemplos de conduta com estas biografias inspiradoras sobre negros inovadores da América, África e Europa. Todos nós sabemos que a História da Negritude é importante, mas pode ser difícil encontrar boas fontes.

Muitos de nós estamos familiarizados com uma desconfiança habitual em relação aos livros de cultura e história que apenas apresentam personagens muito populares, mas estes livros também apresentam heróis negros menos conhecidos e heroínas do mundo inteiro cujas histórias merecem ser contadas. Estes livros de biografia o ajudarão a entender melhor como o sofrimento e as ações das pessoas moldaram seus países e comunidades para gerações futuras.

Títulos disponíveis:

1. 21 Heróis Negros Inspiradores: A vida de Realizadores Importantes do século 20: Martin Luther King Jr., Malcolm X, Bob Marley & Outros
2. 21 Heroínas Negras Excepcionais: História de Negras Importantes do Século 20: Daisy Bates, Maya Angelou & Outras

A série de livros Empoderamento Feminino.

Bem-vindo à série de livros Empoderamento Feminino. Aprenda sobre modelos femininos destemidos dos tempos modernos com estas biografias inspiradoras de homens e mulheres inovadoras do mundo inteiro. O empoderamento feminino é um tópico importante que merece mais atenção do que recebe. Durante séculos foi dito às mulheres que seu lugar é no lar, mas isto nunca foi verdade para todas as mulheres ou mesmo para a maioria delas.

As mulheres ainda estão sub representadas nos livros de história e as que são apresentadas tendem a ser relegadas a algumas páginas. No entanto, a história está repleta de histórias de mulheres fortes, inteligentes e independentes que superaram obstáculos e mudaram o curso da história simplesmente porque queriam viver suas próprias vidas.

Estes livros biográficos o inspirarão enquanto também ensinam lições valiosas sobre perseverança e superação de adversidades! Aprenda com estes exemplos que tudo é possível se você trabalhar duro o suficiente para isso!

Títulos disponíveis:

1. 21 Mulheres Excepcionais: A vida de Lutadores pela Liberdade e Rompedoras de Barreiras: Angela Davis, Marie Curie, Jane Goodall & Outras
2. 21 Mulheres Inspiradoras: A Vida de Mulheres Corajosas e Influentes do Século 20: Kamala Harris, Madre Teresa & Mais
3. 21 Mulheres Fantásticas: A Vida Inspiradora de Artistas Criativas do Século 20: Madonna, Yayoi Kusama & Mais
4. 21 Mulheres Incríveis: As Vidas Influentes de Mulheres Ousadas na Ciência do Século 20

A série de livros dos Líderes Mundiais.

Bem-vindo à série de livros dos Líderes Mundiais. Descubra os modelos de conduta reais e presidenciais do Reino Unido, EUA e outros países. Com estas biografias inspiradoras sobre as famílias reais, presidentes e chefes de estado você aprenderá sobre as pessoas corajosas que ousaram liderar, incluindo citações, fotos e fatos raros.

As pessoas são fascinadas pela história e pela política e por aqueles que a moldaram. Estes livros apresentam novas perspectivas sobre a vida de figuras notáveis. Esta série é perfeita para qualquer um que queira aprender mais sobre os grandes líderes de nosso mundo; jovens leitores ambiciosos e adultos que gostam de ler sobre pessoas interessantes.

Títulos disponíveis:

1. Os 11 Membros da Realeza Britânica: A Biografia da Casa de Windsor: Rainha Elizabeth II e Príncipe Philip, Harry e Meghan, e Outros
2. Os 46 Presidentes dos Estados Unidos: Suas Histórias, Conquistas e Legados: De George Washington a Joe Biden
3. Os 46 Presidentes dos Estados Unidos: Suas Histórias, Conquistas e Legados - Edição Estendida

A série de livros de Mitologia Cativante.

Bem-vindo à série de livros de Mitologia Cativante. Conheça os Deuses e Deusas do Egito e da Grécia, as divindades nórdicas e outras criaturas mitológicas.

Quem são estes antigos deuses e deusas? O que sabemos sobre eles? Quem realmente eram? Por que as pessoas os adoravam nos tempos antigos e de onde vinham esses deuses?

Estes livros apresentam novas perspectivas sobre os deuses antigos que inspirarão os leitores a compreender seu lugar na sociedade e aprender sobre a história. Estes livros de mitologia também abordam tópicos que a influenciaram a religião, literatura e arte, através de um formato envolvente com fotos ou ilustrações atraentes.

Títulos disponíveis:

1. Egito Antigo: Um Guia para os Misteriosos Deuses e Deusas Egípcias: Amun-Ra, Osiris, Anubis, Horus & Outros
2. Grécia Antiga: Um Guia dos Deuses Gregos Clássicos, Deusas, Deidades, Titãs e Heróis: Zeus, Poseidon, Apollo & Outros
3. Antigos Contos Nórdicos: Descubra os Deuses, Deusas e Gigantes dos Vikings: Odin, Loki, Thor, Freya & Outros

A série de livros de Teoria Simples.

Bem-vindo à série de livros Teoria Simples. Conheça a Filosofia, as ideias de filósofos antigos e outras teorias interessantes. Estes livros apresentam as biografias e ideias dos filósofos mais populares de lugares como a Grécia antiga e a China.

A filosofia é um assunto complexo e muitas pessoas lutam para entender até mesmo o básico dela. Estes livros são projetados para ajudá-lo a aprender mais sobre filosofia e são originais por causa de sua abordagem simples. Nunca foi tão fácil ou mais divertido obter uma maior compreensão da filosofia do que com estes livros. Além disso, cada livro também inclui perguntas para que você possa se aprofundar em seus próprios pensamentos e opiniões!

Títulos disponíveis:

1. Filosofia Grega: As Vidas e Ideias dos Filósofos da Grécia Antiga : Sócrates, Platão, Pitágoras e outros
2. Ética e Moralidade: Filosofia Moral, Bioética, Desafios Médicos e Filósofos Afins

A série de livros "Empoderamento de Jovens Empreendedores".

Bem-vindo à série de livros "Empoderamento de Jovens Empreendedores". Nunca é cedo demais para jovens ambiciosos iniciarem suas carreiras! Quer você seja um indivíduo de espírito empresarial tentando construir seu próprio império, quer seja um aspirante a empresário começando um longo e sinuoso caminho, estes livros o inspirarão com as histórias de empresários de sucesso.

Aprenda sobre suas vidas e seus fracassos e sucessos que farão você querer ter o controle de sua vida em vez de simplesmente vivê-la!

Títulos disponíveis:

1. 21 Empreendedores Bem-sucedidos: As vidas de realizadores importantes do século 20: Elon Musk, Steve Jobs e Outros
2. 21 Empreendedores Revolucionários: As vidas de empresários incríveis do século 19: Henry Ford, Thomas Edison e outros

A série de livros História Fácil.

Bem-vindo à série de livros História Fácil. Explore vários assuntos históricos desde a idade da pedra até os tempos modernos, mais as ideias e pessoas influentes que viveram ao longo dos tempos.

Estes livros são uma ótima maneira de entusiasmá-lo com a história. As pessoas são muitas vezes desligadas de livros com textos secos e chatos, mas elas adoram histórias de pessoas comuns que fizeram a diferença no mundo. Estes livros lhe dão essa oportunidade enquanto ainda lhe dão informações históricas importantes.

Títulos disponíveis:

1. Primeira Guerra Mundial: A Primeira Guerra Mundial, suas Grandes Batalhas e o Povo e as Forças Envolvidas
2. Segunda Guerra Mundial: A História da Segunda Guerra Mundial, Hitler, Mussolini, Churchill e outros personagens-chave envolvidos
3. O Holocausto: Os nazistas, a Ascensão do antissemitismo, Kristallnacht e os Campos de Concentração Auschwitz & Bergen-Belsen
4. A Revolução Francesa: O Antigo Regime, Napoleão Bonaparte, e as Guerras Revolucionária Francesa, Napoleônica e de Vendée

Nossos livros estão disponíveis em todos os principais revendedores de livros on-line. Confira os pacotes digitais de nossos livros aqui: https://payhip.com/studentPressBooksPTBR

Conclusão

Esperamos que tenha gostado de ler sobre essas 21 negras inspiradoras do século XX. De Bessie Coleman a Miriam Makeba, estas mulheres são uma inspiração e esperamos que você tenha aprendido algo novo!

Você leu sobre como esses ícones femininos superaram as adversidades através da educação e do trabalho duro, ao mesmo tempo em que causaram enormes impactos ao longo do caminho. Alguma dessas heroínas negras o inspirou?

As 21 histórias fascinantes deste livro não são apenas sobre o sucesso destas negras, mas também sobre suas vidas. Muitas enfrentaram adversidades no caminho para alcançar o que queriam e, assim, fazer retribuições para sociedade. Elas travaram algumas lutas difíceis, mas valeu a pena todo o esforço ao se observar o quanto elas conseguiram!

Esperamos que você tenha aprendido muito com este livro. Releia-o a qualquer momento!

Você já leu este conteúdo educacional? O que você achou? Deixe sua opinião fazendo uma bela resenha deste livro!

Nós amaríamos isso, então, não se esqueça de escrever uma!

www.ingramcontent.com/pod-product-compliance
Ingram Content Group UK Ltd.
Pitfield, Milton Keynes, MK11 3LW, UK
UKHW022013190726
13853UKWH00005B/1907

9 789493 258440